二泉今犹映明月

陆阳 著

河南大学出版社
HENAN UNIVERSITY PRESS
·郑州·

图书在版编目（CIP）数据

二泉今犹映明月 / 陆阳著. -- 郑州：河南大学出版社，2023.6
（院士的足迹 / 刘放主编．第一辑）
ISBN 978-7-5649-5538-0

Ⅰ．①二… Ⅱ．①陆… Ⅲ．①院士－列传－无锡 Ⅳ．①K826.1

中国国家版本馆CIP数据核字（2023）第108338号

ERQUAN JIN YOU YING MINGYUE
二泉今犹映明月

策划编辑	邵培松
责任编辑	韩　琳
责任校对	刘利晓
装帧设计	陈盛杰

出版发行	河南大学出版社
地　址	郑州市郑东新区商务外环中华大厦2401号
邮　编	450046
电　话	0371-86163953（数字出版中心）
	0371-86059701（营销发行中心）
网　址	hupress.henu.edu.cn
印　刷	郑州印之星印务有限公司
版　次	2023年6月第1版
印　次	2023年6月第1次印刷
开　本	889 mm×1194 mm　1/32
印　张	6.125
字　数	113千字
定　价	45.00元

（本书如有印装质量问题，请与河南大学出版社联系调换。）

序　言

　　一年多前，河南大学出版社的邵培松先生告诉我，他们准备出版一套100册的"院士的足迹"丛书，主要讲述院士们的成长历程，以及他们学习、工作与生活的故事。当时就觉得，这是一个很有意义、含金量也很高的出版选题。

　　出版社题旨明晰具体，面向的读者群为中小学生。培养我们年轻的一代从小具有理想追求，具有见贤思齐、锐意进取意识，具有肩负起中华民族伟大复兴的情怀和担当，这需要策划者本身就具备立足当下、拥抱未来的情怀和担当。

　　习近平总书记指出："中国要强盛、要复兴，就一定要大力发展科学技术，努力成为世界主要科学中心和创新高地。""院士的足迹"丛书，就是中原大地上的出版人铭记总书记嘱托，并从责任和道义上自觉萌生的同频共振良好举措。这样的图书，一定有广博的资源、广阔的前景和广泛的知音。

院士是中国科学技术的高端人才，国家瑰宝。不论是中国科学院院士，还是中国工程院院士，他们都是在各自的科研领域取得系统性、创造性重要成就的专家，为国家和人民做出了突出贡献，并都在各自的科研领域起着引领和带头的作用。在他们中间，既有华罗庚、苏步青、李四光、竺可桢、茅以升等老一代科学家的身影，又有钱学森、王淦昌、程开甲、袁隆平、钟南山等当代科学家形象。他们值得全社会敬重。学习他们，亲近他们，视他们为明星，是我们全民族，尤其是孩子们，都应具备的一种审美标准和价值取向的认同。

科学素质已经成为当代人基本素养的一个重要标志。一个民族没有全民科学素质的普遍提高，这个民族就很难建立起壮阔的高素质创新大军，难以实现科技成果快速转化。要让科技创新扎根在公众科学素质和能力不断增强的沃土中，在全社会推动形成讲科学、爱科学、学科学、用科学的良好氛围，使蕴藏在亿万人民中间的创新智慧充分释放、创新力量充分涌流，就需要拥有情怀和担当的有识之士，扎扎实实地做好具体的推动工作，包括如河南大学出版社出版的这种"院士的足迹"大型丛书。

序言

增强公众科学素质是一项打基础的工程,要注重科学知识的普及,要注重科学思想的传播,更要人们从审美观和价值观上,亲近爱党爱国的广大院士。他们正是以这种爱为动力,以振兴中华为己任,一步一个脚印地迈向科技高地。如果我们从娃娃抓起,在中小学生中大力加强科学教育,加强科学人的人格人品魅力熏陶,引导他们自觉热爱科学、崇尚科学,并成为实现科技创新的接力和传承力量,何愁我们全民族的公众科学素质得不到充分提升?

"院士"这个题材,在出版界早已不乏开掘者;但这套大型丛书不同凡响处,就在"足迹"二字上,可谓独辟蹊径,别开生面。相对于那些偏重院士成就光芒的文献型出版物,这套深入浅出、注重可读性的院士丛书重今而更重昔,用的是"倒叙"的思路和创意,溯流而上,追寻院士们一路走过的足迹,特别是他们童年、少年时代的足迹。这些深深浅浅带有童稚气的脚印,或在田埂,或在海滩,或在江边,或在山岭,或在北国,或在南疆,或深陷于穷乡僻壤的泥泞田野,或描画在富庶宅院的地板地毯……忽然想到一部名为《超人》的电影,超人一发力,让地球倒转,江河与时间倒流,垂垂老矣的院士们岂不是一个个都年轻起来了?青春迸发了?稚气未脱了?这多么有趣而好玩。读者与院士们瞬间消除代沟，院士们"穿越"成了孩子们拉钩搂肩的朋友、哥们儿，有着共同的话题和语言。我想，不单年轻的读者们喜欢，连返老还童的院士自身，也一定会开心不已。这套丛书，创意不凡，清新脱俗。

以地域籍贯来归类院士的标准，比较合理得当，容易使各册院士人物都拥有一种相近的乡土文化归属感。"一方水土养一方人"，读院士们的故事，也了解到了一方的风土人情，使得丛书在总体规划设计上具有条理性、科学性，人物也更接地气，便于整体上的思辨、考量和把握。

从体量上把握，给孩子们提供阅读就一定要轻松活泼，图文并茂，规避沉重和生硬说教。每册七八万字，选进七八位院士，每位院士介绍文字万字左右，选取人物最生动有趣的片段，读来好玩有味，自然而然地走进院士的生活和心灵世界，打开自己眼界，让爱科学的种子悄然播种在自己的心田。读者将来不一定都要做科学家，但爱学习、爱思考的习性，会让小读者们眉宇添聪慧，目光愈加清亮有神，从而一生获益。

另外，还有不能不提的，是本丛书的主编刘放先生，他是我二十多年的朋友，我在《姑苏晚报》开设的《滴石斋》专栏，他做了十多年的责任编辑，我对他可以说比较了解。他早年做过中学教师，后从事新闻媒体工作三十多年，是资深媒体人，与不少两院院士有过面对面的接触访谈。在他的眼中，院士的光环不会炫目遮蔽其目光，而是真实可触摸、可敬可亲可爱的人。而且，刘放涉猎宽泛，修养全面，他所编著的十数种出版物中，有小说，有散文，有诗歌，有访谈对话，有旅游文化，还有少儿读物，所以他比较适合当这类面向中小学生的大型丛书主编。我还听说，他为了这套丛书都打算提前退休，我想，他一定是认清了这套丛书的价值，积蓄了丰沛的激情，全力以赴。我有理由看好他。

江苏沙洲优黄的黄庭明先生慷慨赞助本项目，彰显民营企业的担当，让人感动，我代表出版社、作者以及读者表示感谢。

出版社邀请我为这套100册的图书写一个总序，我乐意为之。在书前为读者号号本丛书的脉，掂掂本丛书的量，说出如是感想。

新教育实验有一个生命叙事理论，认为每个人都是自己生命故事的主人公，也是自己生命故事的作者。能不能把自己的生命故事变成一个伟大的传奇，在很大程度上取决于我们有没有为自己寻找一个生命的原型、人生的榜样。这套丛书中的院士，是应该可以成为青少年学生的生命原型的。所以，我也会在自己的新教育研究和推广中，适时运用和宣传这套丛书，权作为中原出版人摇旗呐喊。让我们一起为了美好的明天，不负时代，共同奋斗。

朱永新
2020年1月20日

（作者系新教育发起人、著名教育理论家，第十四届全国政协副主席，民进中央常务副主席，苏州大学博士生导师。）

目 录

001 // "读心者"潘菽

018 // 周培源：奠基者

040 // 诸福棠：医者仁心

063 // 钱临照、钱令希：兄弟行

090 // 钱伟长：人生的完美力学

114 // 唐敖庆：无问西东，南渡北上

137 // 蒋新松与机器人

156 // "当代毕昇"王选

182 // 参考文献

183 // 后 记

"读心者"潘菽

潘菽（1897—1988），江苏宜兴人。心理学家、中国现代心理学的奠基人之一。1955年被选聘为中国科学院学部委员。

1919年5月4日是个无风的晴天。成群的青年学子，从北京大学、北京高等师范学校、中国大学等高校的校园内涌出。他们手举标语，高呼"外争主权，内除国贼""废除二十一条""收回山东权利"等口号，向着东交民巷进发。有一位身材魁梧的青年学生，口号喊得格外响亮。这个心中燃烧着一团怒火的青年人，就是潘菽。五四运动爆发时，潘菽22岁，就读于北京大学哲学系。

一

潘菽，原名有年，字水叔，1897年7月13日出生于江苏宜兴的一户耕读世家。潘菽有兄弟五人，姐妹四人。五兄弟都通过各自的努力，学有所成，并相继走上了革命道路。潘菽在兄弟中排行第二，其长兄潘梓年是著名的哲学家和杰出的新闻斗士，在大革命时期就加入了中国共产党；"红色特工"潘汉年则是潘菽的堂弟。

从六岁起，潘菽就在父亲办的蒙馆里读"四书""五经"。清朝末年，废科举、兴学堂，他以优异成绩考取常州的江苏省立第五中学，为三年级插班生。在中学期间，他看过先秦诸子的书，读过宋明理学家的著作。由于对哲学感兴趣，潘菽中学毕业后报考了北京大学哲学系，并且跳过两年预科直接考进了本科，那一年是1917年。北京大学哲学系始建于1912年，最初被称为"哲学门"，是北京大学最早设立的学科之一。那时，正值蔡元培就任北大校长。由于他实行"兼容并包"的办学方针，北大的学术气氛空前活跃，这里也因此成了我国"新文化运动的摇篮"。耳濡目染，潘菽受到影响也是必然的。

在五四运动期间，潘菽积极奔走，是学生运动领袖之一。5月4日那一天，潘菽与一帮游行的同学最后冲进交通总长曹汝霖的家宅，痛打了驻日公使章宗祥，还一把火烧了赵家楼。不久，大批军警赶到，见人就打，见人就抓。当时，大批学生已经撤离，32名"断后"维持秩序的学生被捕，其中就有潘菽。潘菽的北大同学许德珩与警察扭打在一起，双方僵持不下，滚翻在地，最终他被警察捆了起来。这32名学生被军警用粗绳反缚两手,路上如不服的话,军警就用枪柄、短棍狠打他们。这些学生经过审问、登记,被关进牢房。在牢房中他们被严加监视,不许交谈,不许走动,不给饭吃,不给水喝,受到了虐待和凌辱。但是这些并没有吓倒学生。许德珩回忆:"(我们)被囚禁在步军统领衙门的一间监房里,极其拥挤肮脏,只有一个大炕,东西两边各摆一个大尿桶,臭气满屋。每半小时还要听他们的命令抬一下头,以证明'犯人'还活着。到中午'放风'才能大便,呼吸一点新鲜空气。看守的人每天提一桶开水,每人发一个大窝头。"

学生被逮捕,仿佛是一石激起千重浪,社会各方反应强烈。5月6日,蔡元培与其他学校的校长联名保释被捕学生,并亲自到警察厅以身作保。第二天上午,被捕学生得到释放,蔡元培和北大的学生们都到汉花园红楼北面的广场上等候他们归来。被捕的学生回忆:"我们分别坐着三辆小汽车回到学校。广场放着五张方桌,我们被捕的同学都站在方桌上和同学们见面。蔡校长也在场。大家的情绪都万分激动,被捕的同学没有一人说话,蔡元培校长讲了几句安慰并勉励的话,大家激动得热泪直流。"

但事情远未结束。北洋政府意图撤换北大校长蔡元培,旨在整顿学风;而曹汝霖向法庭起诉,要求学生赔偿其损失。在压力之下,蔡元培于5月9日晨秘密出京。第二天，32名被捕学生被京师地方检察厅传唤到庭，开始进行正式审讯。

这一事件，引发了学生更大规模的反抗。5月13日，北京16所高等专科以上学校的学生到京师地方检察厅自行投案。学生们在陈诉自行检举书中写道："窃学生等本不应干预政治，近以山东青岛问题祸迫眉睫，义愤所激不能自已，致有五月四日之事。学生等诚无状，理合依法自行投案，静候处分。"附呈学生自行检举名册一本，名册中是全市5000多名学生的名字。

5月14日，许德珩、潘菽等32名学生呈送京师地方检察厅声明。他们提出："曹、章等卖国，罪不容诛。凡有血气，罔不切齿。5月4日之事，乃为数千学生、万余市民之爱国天良所激发，论原因不得谓之犯罪，则结果安有所谓嫌疑……乃曹、章等卖国之罪，畏不检举，而偏出传票传讯学生？不平者一。学生等32人，并无一人系当场捕获者。既非当场捕获，亦不过数千人中分子之一耳。钧厅传讯，加以'嫌疑'二字。果有嫌疑耶，亦应与数千人同时讯问，何得单传生等？不平者二。公民团捣毁议会，殴打议员，被逮者百余人，释放之后，未闻依法办理。5月4日之事，痛外交之失败，忿卖国之奸人，悲愤所激，不能自已。非公民团所可比拟，而钧厅公然传讯。不平者三……"字里行间显出学生们的激情和勇气。

日后，潘菽在回忆时说："我是五四爱国反帝斗争的衷心拥护者和亲身参加者，并且是火烧赵家楼时的32名被捕者之一。北京土牢的滋味使我更加认清了军阀政府的反动面目。继之而起的全国规模、声势浩大的反帝爱国斗争，使我深深地感到了我国广大人民群众的革命精神和革命威力。这场运动

1921年赴美留学时的潘菽

使我把个人的前途和国家民族的命运联系起来，进一步增强了爱国主义的思想。"

基于这样的爱国主义思想，1920年潘菽从北大毕业后，次年赴美留学。他回忆："原想去学教育，希望回来后能对国家做一点有益的工作。"可是，在选读了一些教育学和心理学课程之后，潘菽对心理学逐渐有了兴趣，觉得美国教育不一定适合中国，而心理学作为研究人的一门基础科学，既与教育有密切关系，又比教育更具有根本的性质，于是他决定改学心理学，由此踏上了献身心理学的道路。

潘菽在美国学习6年，先后读了3所大学。最初在

加利福尼亚大学就读，一学期后转入印第安纳大学，做关于汉字心理学方面的研究，并获得硕士学位。1923年他又转入芝加哥大学深造，并于1926年以题为《背景对学习和回忆的影响》的论文获得了博士学位。

二

1927年，意气风发的潘菽学成回国。当时，中国现代心理学正处于创建阶段，一些大学开始成立独立的心理系。他被最早成立心理系的国立第四中山大学（后来改称国立中央大学）聘为心理系副教授，半年后升为教授，兼心理系主任。

专业对口，学有所用，曼妙的人生之路由此展开。他回忆："以为此后就可以安定下来专心致志钻研我的心理学了，至于社会上的事自有别人去管，用不着我去不务正业。"作文、著书、讲课，成立心理实验室，指导学生通过科学实验研究心理学问题……潘菽一头钻进了"象牙塔"，埋头于心理学的教学与研究。

国立中央大学心理系当时只是个小系，有时一年只收一两个学生，但潘菽一样认真备课，认真讲解，从不草率。一位学生回忆说："潘先生宜兴口音很重，听他的课开始不易听懂，但不要多久，就能适应，而且尝其智慧之甘果了。他讲课的特点是清晰而有系统性。

他从一个观点出发,缓缓地一步一步地推演下去,叫你不得不记下他讲的每一个字,不得不珍惜地听他每一句话。"潘菽对学生和蔼可亲、循循善诱,学生都愿意亲近他,有事找他谈心,有困难找他帮忙,有学生结婚还找他当证婚人。他从不以教育者自居,而是以自己的思想行为影响学生,有学生后来回忆:"我说不出潘先生是怎样教育我的,可是他又确实是时时刻刻地教育着我。"

九一八事变发生后,偌大的中国再也放不下一张安静的书桌。1933年5月,时任中国左翼文化总同盟书记兼中共江苏省委机关报《真话报》总编的潘梓年在上海被捕,关押在国民党南京警备司令部拘留所。潘菽为营救胞兄奔走呼号,拜请蔡元培、邵力子等社会名流施加压力。同时,潘菽又以家属身份,前往探监,不断送去药品、食品,传递外界消息。在营救潘梓年的过程中,潘菽对中国共产党有了进一步的认识。他回忆:"在设法营救的过程中我开始接触了党,对党的纲领、性质及艰苦斗争的情况逐步加深了认识,逐步认识到'只有共产党才能救中国'。就好像在黑暗中看到了北斗,从此,我认清了应取的方向,摆脱了纯学术的道路,决心跟着共产党,投身于抗日救国的革命洪流。"

三

1937年，抗日战争全面爆发，国立中央大学内迁至重庆沙坪坝，潘菽因此在重庆生活了9年。这9年的岁月，对潘菽来说具有特殊的意义。

潘菽回忆："在这八九年紧张生活中，心神自难安定，一天到晚关心的是抗战形势的变化。前半阶段，敌机时常来轰炸，有时夜里也来，使人日夜难安，自然很难谈到研究工作。心理学教学工作则不能不坚持下去，但也只能把旧的知识一次一次重复着教。备课时间倒省了不少。夜幕垂下以后，总要到熟人朋友那里去走走、听听、谈谈。"如此，潘菽开始不再"一心只读圣贤书"，而是走上了革命道路，参与创建九三学社，成为著名的"红色教授"。

国立中央大学内迁的第二年，由潘梓年担任社长的新华日报社也迁到了重庆。之后在潘梓年的介绍下，潘菽参加了郭沫若、钱俊瑞组织的中国学术研究会。他回忆："这个组织并没有成文的章程，原来也没有名称，它通过新华日报社和我的长兄潘梓年与党保持着密切的联系，是党团结科教界进步学者的重要纽带之一。参加座谈会的同志定期聚会，在一起学习马列主义经典著作和毛主席的著作，交换对时局的看法，以提高思想认识。当时在重庆的周恩来、董必武等领导同志和八路军办事处常邀我们这些同志去参加各种座谈会或联欢会、庆祝会。"

也因为长兄的关系,潘菽经常去《新华日报》编辑部,了解一些抗战或延安的情况,还参加了新华日报社组织的一些活动。他回忆:"学校里有几个可以相接近的同事听说我时常到新华日报社去,以为我对延安方面的情况以及八路军的抗战情况一定知道得较多,要我和他们一起谈谈。他们当然对抗战局势的发展情况都非常关切,对延安方面的政治情况和八路军的战斗情况尤其关切。大家都仰望着延安,寄希望于延安。在一起谈了一次,大家觉得这样谈谈很有必要,约定下一次再谈。这样就形成一个经常的自发的校内座谈会,一共七八个人。不久,相邻的重庆大学有一位同志和附近两个单位各有一位同志参加了进来。因为要尽量不让人知道,故此后在重庆时一直没有再增加人。这个座谈会既没有组织,也没有名称,直到后来因为要和外面联系才称为'自然科学座谈会',因参加的人都是自然科学方面的。"

1944年11月,潘菽与北大老同学许德珩,以及梁希、税西恒、黄国璋等人一起发起组织了"民主科学座谈会",并经周恩来、潘梓年授意,邀请原先自然科学座谈会的人员陆续加入,逐渐发展到30余人。1945年9月3日,世界反法西斯战争宣告胜利结束。为了纪念这个永载史册的伟大日子,潘菽等人建议将"民主科学座谈会"改名为"九三座谈会",得到了大家的一致同意。

在重庆的9年中,最令潘菽难忘的是毛泽东的接见。1945年8月,毛泽东飞抵重庆与国民党当局谈判,其间接见了潘菽、梁希等部分民主人士。在交谈中潘菽问毛泽东:"共产党为什么把自己付了很大代价解放的一些地区让给国民党呢?"毛泽东讲,为了避免内战,达成全国统一,共产党人向来以民族大义为重。随后,毛泽东站起来,在椅子后面退了两步说:"让是有限度的,让一步、两步是可以的,再让第三步就不可以了。"并做了一个还击的手势。潘菽说:"毛主席深刻而生动地阐述了当时国内外的形势及我们党的主张,使我们受到极大的鼓舞和教益。"

也正是在国共会谈期间,毛泽东还特地接见了许德珩夫妇,明确建议九三座谈会应办成永久性组织。于是,九三座谈会决定更名为"九三学社",于1946年5月4日举行成立大会。潘菽作为九三学社主要创建人之一,在成立大会上当选为中央理事。从1958年起,他一直担任九三学社中央副主席,是九三学社的主要领导人之一。

此外,为响应共产党提出的"民主联合政府"号召,1944年,潘菽还和梁希、涂长望、金善宝等人在共产党的支持下,联合包括竺可桢、李四光等著名科学家在内的100多人共同发起组织了中国科学工作者协会。次年7月1日,中国科学工作者协会正式成立,潘菽被选为常务理事,负责协会财务工作并担任会刊《科学新闻》主编。新中国成立以后,这个协会与其他几个科学团体,合并调整成为中华全国自然科学专门学会联合会。潘菽、梁希等人在1945年还发起组织世界科学工作者协会,并倡议在联合国设立科学组织或扩大原有的文教组织,因而有了后来的联合国教科文组织。

1947年,潘菽在国立中央大学

九三学社的发起人和早期领导人潘菽、梁希、涂长望、金善宝等人大多是国立中央大学的教授。因此,九三学社与国立中央大学有着密不可分的关系,它是国立中央大学左派教授的"大本营",可与西南联大和民盟的关系相"媲美"。1947年,国立中央大学中共党支部的组建会议,就在潘菽家中召开。他还不顾个人安危,保释过以"危害民国"罪被捕的中大学生。被保释的学生、后任中国中医研究院院长的季钟朴回忆道:"潘老师出于他的正义感和抗日救亡的爱国热情,不顾个人安危,亲自和心理系同学会的孙运仁同学,前往南京警备司令部,以他知名教授的身份以及个人生命、家庭财

国立中央大学校门

产保释我出狱。我们心理系的其他教授虽也曾在学生和亲属面前表示惋惜和'同情',但对营救则毫无兴趣。更有个别人甚至诬蔑造谣,说什么'参与抗日救亡活动的学生是拿了卢布的',等等。我出狱之后,又受到学校当局的刁难,说我有两门选修课缺考试成绩,不能毕业。实际上我的毕业论文早已完成。潘老师出于爱护青年学子又仗义执言,使我得以补考,完成毕业手续。当时真使我感到恩师之情,温暖无比。"

四

1949年解放军渡江作战前夕,潘菽、梁希、涂长望三位中大教授由潘菽的堂弟潘汉年秘密护送至上海,又转赴香港。4月22日,"百万雄师过大江"的第二天,他们又从香港转赴已经解放的北平。不久,应周恩来邀请,潘菽等人参加了全国政治协商会议的筹备会议。同年8月,潘菽返回南京,参加国立中央大学的接收改造和南京大学的筹建工作,被任命为南京大学教务长兼心理系主任。

不久,南京大学校务委员会主席梁希北上出任中央人民政府林垦部部长,由潘菽具体主持南京大学校务工作。1951年7月,潘菽被中央人民政府任命为南京大学校长。潘菽一方面调整课程,废除原先的训导制,取消国民党党义一类课程,代之以社会发展史、中国革命问题和政治经济学等马列主义课程;另一方面相应地调整师资。新政之初,事乱如麻,潘菽等校领导经常夜以继日地开会,有时吃饭也在会议桌上解决。

1952年,全国高等院校实行院系大调整。潘菽主持了这所素有"亚洲第一学府"之称的南京大学的拆分工作,校本部仅保留文学院和理学院,并与金陵大学文学院、理学院合并组建新的南京大学。考虑到仪器设备搬迁问题,潘菽没有把南京大学保留在四牌楼原址,而是搬到了金陵大学鼓楼校址,将四牌楼校址留给了新成立的南京工学院(今东南大学)。这一变动,导致南京大学一百多年校史被人为割裂开来,以致南京大学和东南大学为此争论不休,这也是潘菽后来承认的生平办"错"的第一件大事。但潘菽也利用自己的政治地位,为南京大学做了一大贡献,即保留了全国唯一一个心理系。

1955年,潘菽当选为中国科学院生物学部委员,是当时中国心理学领域唯一一位学部委员,但比潘菽小九岁的堂弟潘汉年却没有他那么幸运。也是在这一年,时任上海市常务副市长的潘汉年在赴京开会期间被秘密逮捕入狱。

1956年,南京大学心理系并入中国科学院心理研究所,并由潘菽出任所长。与此同时,他还兼任中国心理学会理事长。

1984年11月,《中国心理学史》教材初稿讨论会合影

"文革"期间,心理学被诬为"伪科学",潘菽被打成"反动学术权威"。但除了被抄家和批斗外,他并未受到太大的冲击,也许人们觉得他已经是一只"死老虎"了。而他的长兄潘梓年却没有那么幸运,于1972年冤死在秦城监狱之中,潘汉年更是被长期关押在狱中,直到1977年默默离世,也没等到被平反的那一天。

潘菽熬过了"文革"那个特殊的年代,在全国开始拨乱反正之时,再度出任中国科学院心理研究所所长和中国心理学会理事长,重新恢复中国心理学的研究。1987年他在《九十吟》中写道:"具生贵有益,徒寿圣者诋。素餐无以报,耕者之所鄙。我益果如何?远未饱我饥。求索日夕勤,所产苦太低。思以勤补拙,孜孜不多憩。老骥伏枥中,尚志在千里。日昃犹可行,行行不容已。……"

1988年3月26日,潘菽因脑出血在北京病逝,享年91岁。同乡周培源在悼念文章中写道:"潘老在漫长的人生道路上,走完了91个春秋。他一生经历了几个时代,历尽人间沧桑。在每个时代,他都紧紧地跟随历史前进……"

五

潘菽将自己的一生投入我国新兴的心理学研究。早在20世纪20年代末,潘菽就曾发表过一篇论文《心

端王府内的中国科学院心理研究所主楼

理学的过去与将来》。他在文中指出，心理学是研究人类现象的基本原理的，因而可以说是最重要的一门科学之一，并且它将带动一切科学。正是基于这种信念，潘菽从选择心理学的那天起，就决心要为使心理学成为一门成熟的、名实相符的科学而做出自己的努力。

潘菽一生著作很多，主要专著有《心理学概论》（1929）、《社会的心理基础》（1930）、《心理学的应用》（1935）、《心理学简札》（1984）；主编和合编著作有《教育心理学》（1947）、《教育心理学》（1980）、《中国古代心理学思想研究》（1983）、《人类的智能》（1985）、《中国大百科全书·心理学》（1991）。《心理学简札》（上、

"读心者"潘菽

下两册）是他的代表作，可以说是他一生对心理学探索成果的一个简要总结。1963年，潘菽患了严重的心肌梗死，住院一年多，出院后医生仍嘱咐他全休养病。但大病之后的潘菽常有日暮之感，急切地希望在有生之年多做些事情。他集几十年的心理学教学和研究的心得，针

潘菽（1983年）

对一些紧迫的根本问题进行思考和研究，完成了《心理学简札》第一稿。不料，在"文革"中，《心理学简札》连同一大批心理学书籍、资料被扔进了火堆。然而他依然坚信，"心理学作为一门科学是砸不烂的，也取消不了的，前途是光明的"。他以顽强的毅力，在写检查、写交代的掩护下，重新完成了《心理学简札》这部60万字的心理学巨著的写作，直到1984年正式出版，前后历时20年。这部著作的出版在我国心理学界引起了很大反响，有的书评认为它"是以马克思主义为指导，改造旧心理学，建立具有中国特色的心理学体系的重大尝试，是促使我国心理学实现现代化的战略性思考"，"是一本心理学简要百科全书式的书"。

周培源：奠基者

周培源（1902—1993），江苏宜兴人。著名流体力学家、理论物理学家、教育家和社会活动家，中国近代力学奠基人和理论物理奠基人之一。1955年被选聘为中国科学院学部委员。

他是我国理论物理和近代力学奠基人之一，湍流模式理论的奠基人，与美国的冯·卡门、苏联的柯尔莫哥罗夫、英国的泰勒并称当代流体力学"四位巨人"。

他是中国唯一一位在爱因斯坦身边长期工作过的人，"两弹一星"元勋大多是他的学生，有的还是他学生的学生。

陈省身说他是一个豁达而公正的人，是一位杰出的科学家和教育家，也有高度的行政才能；钱三强说他是自己从事物理学习的好老师……

时至今日，周培源仍是许多学子常听到的名字。20

世纪风云突变,周培源始终不计荣辱,正直无畏,如大河一样奔突向前。

缘定清华

1902年8月28日,周培源出生在今天江苏省宜兴市芳桥街道后村村。他家是书香门第,家境殷实。周培源三岁半时入私塾受启蒙教育。辛亥革命爆发后,帝制结束。父亲周文伯外出经商,年幼的周培源随同左右,先后在南京、上海等地求学。

1918年春,周培源考入上海圣约翰大学附属中学。1919年,五四运动爆发,周培源满怀热忱地参加了上海地区的学生运动。这场运动触怒了学校,开除了几十个学生,周培源是其中之一。被开除的周培源回到宜兴老家,因受不了父亲的频繁责备,又不愿闷在家中,遂躲在附近的潮音寺内读书看报。某天,他在报上偶然看到一则版面很小的招生广告,得知清华学校(今清华大学前身)在江苏省招收5名插班生的消息。

清华学校的前身是游美学务处,始建于1909年,1911年更名清华学堂,1912年改称清华学校,是通过美国退还的部分"庚子赔款"办起来的新式学校,分中等、高等两科,每科4年。从中等到高等一、二年级相当于现在的六年制中学,高等三、四年级则相当于大学一、二年级。高等科毕业后经筛选确定为品学兼优者可直接派往美国留学,插入大学二、三年级,在美国完成高等教育后回国。学校实行淘汰制,每年暑假都向社会公开招收部分插班生。周培源前往应试,一箭中的,成绩名列第二,考入清华学校,插班进中等科(相当于现在的初中)三年级。

青年周培源

缘分是个奇妙的东西,很多年后,周培源还饶有趣味地回忆道:"那则报上的招生广告只登了一天,而且是非常小的一条消息,居然被我看到。"

1919年秋,周培源走进清华园,从此成为一名清华人。在清华就读期间,周培源对数学产生了浓厚兴趣,并逐渐崭露头角。在高等科三年级学习了解析几何后,他把解析几何的方法引入号称"世界三大难题"的"三等分角"的研究,写了人生中第一篇学术论文——《三等分角法二则》,由此开启了长达70余年的科学研究工作。数学老师郑之蕃很是赞赏,将这篇论文推荐发表于《清华学报》第一卷第二期上。周培源曾写道,郑之蕃是他"青年时期最好、最尊敬的老师",并称这位老师的教导对他后来立志一生攻读理论物理学与数学，起了决定性的作用。他的女儿也说："他在科学上所取得的成就起步于清华；他的世界观，或说做人的准则也是在清华逐步形成。"

1924年秋，周培源从清华学校毕业，并以"庚款留学生"的身份，同60余名清华同学一起，从上海漂洋过海前往美国芝加哥大学数理系继续学业。在芝加哥大学，他惜时如金，勤奋学习，仅用两年时间就通过了47门课程，于1926年3月和12月先后获得该校数学物理学学士学位、数学硕士学位。从芝加哥大学毕业后，1927年初，周培源又转赴美国西海岸帕萨迪纳市，进入加利福尼亚理工学院深造，次年完成了题为《在爱因斯坦引力论中具有旋转对称性物体的引力场》的博士论文，并顺利通过答辩，成为当年全美国数学和物理领域毕业的49名博士之一，也是留美取得理论物理博士学位的第二位中国人（第一位王守兢也是清华留学生）。导师对他十分器重，还未毕业就推荐他在美国数学学会上作《劳伦兹变换的一个新推演》的学术报告，这在在读的学生中是绝无仅有的。

从1924年秋到1928年，加上在清华高等科的两年学习时间，周培源仅用了五年半时间便拿下了学士、硕士、博士三个学位，这在清华学校留学生史上是空前的。

1928年秋，周培源赴欧洲，先后跟随两位日后的诺贝尔奖获得者海森堡、泡利从事量子力学研究。1929年9月，周培源结束了五年海外求学生涯，再次回到了清华校园。此时的清华学校已经易名为国立清华大学，由一所预备学校升格为国立高等学府。刚过27岁生日的周培源，受聘为清华大学物理系最年轻的教授。在回国这件事上，周培源从来没有犹豫过。他在给美国朋友的信中十分清楚地写道："我们这一代人是拿着国家的钱出来留学，我们就是要回来做事。"

追随巨匠

1936年，34岁的周培源利用执教满五年可以享受休假一年的规定，只身到美国普林斯顿高等学术研究院进修，其间参加了爱因斯坦主持的广义相对论讨论班，成为中国唯一一位在爱因斯坦身边从事相对论研究工作的人。

早在1919年，爱因斯坦的相对论因日食得到证实，引起世界轰动，国内也掀起了介绍和传播相对论的高潮。但是当周培源来到普林斯顿高等学术研究院进修之时，物理学的热门在原子核物理、量子力学上，广义相对论的研究处于低潮。正因为如此，讨论班只有二十几个年轻人。爱因斯坦每周都会来讨论班，但他并不系统地讲课，而是经常介绍他手头上的工作。

早在1926年,周培源在美国芝加哥大学获得硕士学位的时候,就把广义相对论确定为自己的研究方向之一。爱因斯坦1918年运用谐和条件的近似式,求解线性化的近似引力场方程,获得了确定的引力波解,从而预见了引力波的存在,但是爱因斯坦却没有赋予引力场中的坐标以物理意义。在广义相对论讨论班上,周培源就这个问题当面向爱因斯坦请教,并表述了自己的看法,即广义相对论引力场中的坐标是有物理意义的。爱因斯坦没有给予明确的回答,给周培源留下了探索的空间。

在讨论班活跃的学术氛围中,在与爱因斯坦讨论的启发下,周培源完成了题为《爱因斯坦引力论中引力场

爱因斯坦相对论讨论班学员合影(三排左四为周培源)

方程的一个各向同性的稳定解》的论文，并于1937年发表在美国《数学学报》上。

与爱因斯坦的接触，对周培源一生的科学研究产生了深远的影响。爱因斯坦求解运动方程所用的逐级近似的方法，对他后来的湍流研究有很大的启发作用。

1937年夏天，周培源去爱因斯坦住宅辞行。他还为爱因斯坦拍了一张照片。照片上，爱因斯坦坐在转椅上，将左脚搭在右腿上，双眼凝视着前方。

爱因斯坦像（周培源摄）

这也成为唯一一张中国人为爱因斯坦拍摄的照片。1955年爱因斯坦逝世时，《光明日报》邀请周培源撰文，这张珍贵的照片才得以公布于世。

烽烟岁月

抗战全面爆发后，清华、北大、南开三校辗转迁至云南昆明，组成西南联合大学，周培源举家随校南迁。为躲避日机频繁轰炸，许多老师被迫安家于离校颇远的城外。周培源选择了西山山麓滇池边龙王庙村的一栋小楼,离校约19公里之远,且只有小路。为解决交通问题,他买了匹马,取名"华龙"。周培源骑马成了西南联大校园里的一道风景线,物理系主任饶毓泰戏称他是"周大将军"。后因物价上涨,他买不起马的草料,只好把马卖掉,买了辆自行车。

周培源的学术研究,主要集中在爱因斯坦广义相对论引力论和湍流理论两个领域。九一八事变后,一心科学救国的周培源,从对广义相对论的纯理论研究转向了有很大应用价值的流体力学湍流理论、空气动力学等的研究。1935年12月,他在清华大学开设了弹道学课程。在西南联大,他仍开设这门课程。日后成为钱三强夫人的何泽慧,就是在此时深受老师周培源的感召,后赴德读研,专攻弹道学。

在对湍流理论进行多年研究后,1939年周培源在《物理学报》上发表了《论弗里德曼宇宙的理论基础》和《论宇宙空间的球对称性和弗里德曼宇宙的理论基础的解释》两篇论文,从一个新的角度探讨"弗里德曼宇宙",使其度规表达式的求解大大简化,在广义相对论宇宙论的研究方面又有了新的进展。周培源因此被学术界誉为"半个懂相对论的人"。第二年,周培源在《物理学报》上发表了《关于Reynolds求似应力方法的推广和湍流的性质》。该文在国际上首次推导求解出湍流

二泉今犹映明月

1938年，周培源（左一）与梁思成、陈岱孙、林徽因、金岳霖、吴有训等合影

的脉动方程，并用求剪应力和三元速度关联函数满足动力学方程的方法建立起普通湍流理论，为以后的湍流研究开辟了一个新方向。

1943年，周培源再次赴美休假，回到加利福尼亚理工学院任访问教授，继续深入研究湍流理论。这一阶段是周培源的科学研究黄金时期，其研究成果有了更大的突破。1945年，他在美国《应用数学》季刊上发表了《关于速度关联和湍流脉动方程的解》，进一步完善和发展了他的思想，在国际上产生了重大影响，至今仍被引用。他所提出的湍流的解在国际上发展为湍流的模式理论，周培源也因此被公推为湍流模式理论的奠基人。

1945年，周培源应邀参加美国战时科学研究与发展局工作，承担了鱼雷空投入水的科研项目，经研究提出了计算鱼雷入水产生的冲击力方程，且为试验所证实，后美国据此设计出水上飞机。这一研究成果被美方视为机密，直至1957年才解密，而周培源自己留的那份研究稿，则在新中国成立后就交给了我国海军有关部门。二战结束后，周培源应邀参加美国海军军工试验站的战事科学研究。即便待遇优厚，周培源仍明确提出：第一，不加入美国国籍；第二，只能是临时性工作；第三，有权随时离开。

周培源的爱国之心，没有因时光迁移而改变。1947年11月，周培源举家告别美国优渥的环境，毅然回到祖国，继续执教于清华大学。此时的北平已处于解放前夜，清华园里已经能够听到人民军队的隆隆炮声。

直言进谏

做人要有担当且能讲真话，是周培源奉行一生的原则。

1952年，全国高等院校院系大调整。北京大学与燕京大学合并，吸收清华大学的文、法、理各科系而成为综合性大学；清华大学则吸收北京大学工学院各科系成为以工科为主的综合性大学。周培源从清华调至北大出任教务长，1956年经周恩来总理提名任副校长。

1966年初夏，发生了震惊中外的"文化大革命"。北京大学哲学系聂元梓等7位老师贴出所谓全国第一张马列主义的大字报。运动初期，周培源看不惯聂元梓的倒行逆施，贴出了给聂元梓的万字大字报，随后又出任反聂派群众组织"井冈山兵团"第一任核心组组长。后来，在周恩来的干涉下，周培源听从安排离开北大，但他那时的所作所为就足以证明他的勇气。须知当时反对聂元梓的人，都有舍生取义的精神。有一个大家的老熟人，为了倒聂，前脚"拼着老命"上了"井冈山"，后脚就被抓进了牛棚。谁？季羡林！

很快，周培源又遇到了批判爱因斯坦相对论的风潮。1969年10月，中国科学院"批判相对论学习班"撰写了《相对论批判》一文，召集周培源、吴有训、钱学森等人及青年物理工作者座谈表态。参加这个座谈会，周培源的心情是不平静的。轮到他发言时，他展示了一个长者的沉稳和作为相对论专家的自信。他对批判文章不予理睬，而是从容地介绍了爱因斯坦的生平，以及他与爱因斯坦之间的关系。当得知批判文章要拿到《红旗》杂志上公开发表时，他立即找到主持会议的中国科学院副院长刘西尧，直言："批判相对论的文章不宜刊登在《红旗》杂志上，否则，将来我们会很被动，相对论可以讨论，但不能打倒。"回到家，周培源生气地对女儿说:"简直要闹出历史大笑话了!"

第二年4月,陈伯达来到北大,找到了周培源,要他带头批判爱因斯坦和相对论。陈伯达说:"爱因斯坦相对论的某些观点要批判,老科学家应该积极参加,青年人敢说话很好,但实事求是不够。老科学家要帮助青年人。"他还说:"过去科学是从西向东,从欧美到中国,将来中国要领导科学,为此要彻底批倒相对论。"周培源依然坚持了自己一年前的观点,毫不含糊地回答:"狭义相对论是科学已经证实的,批不了;广义相对论在学术上有争议,可以讨论。"

"文革"的极左思潮,不仅狂乱地冲击着社会科学的各个学科,同样冲击着自然科学的基础研究。实用主义的迷雾,一时弥漫在燕园的上空,也使中国科学界与教育界处在一片迷茫之中。1971年底,国务院科教组在北京召开全国高教工作会议。在会议结束前,周培源慷慨陈词,直抒己见,做了语惊四座的发言,强烈呼吁重视理科教育和基础理论研究,表示忽视它们是无知和短视的行为。会上有位《人民日报》的记者,约他写一篇关于理科教育的文章,准备发表在《社会主义大学应如何办?》的讨论专栏内。周培源写了《对综合大学理科教育革命的一些看法》(后简称《看法》)一文,对理工科的关系、理论联系实际等问题进行了分析,提出既要批判理论脱离实际的倾向,又要批判"理论无用"的错误思想。一个自然科学理论有没有应用价值，或有没有科学意义，只有通过长期的实践才能加以判断，对一些基本问题，如天体演化、基本粒子、原子粒结构、生命起源、分子生物等，都可以开展科学研究工作。综合大学理科要抓好基础课的教学，加强基础理论的研究，工与理、应用与理论在任何时候都必须受到重视，两者不能偏废。

这篇文章，后来发表在1972年10月6日的《光明日报》上。这篇文章有理有论、有胆有识，以科学大师的权威、正气凛然的诤臣风骨，对"文革"中泛滥一时的急功近利的实用主义进行了批判，是对反科学的浅薄与虚妄的一声棒喝。中国科教界人士的心绪为之抖擞。

当有人沉默、有人顺从、有人阿谀时，周培源像大河奔涌着向前。他的学生、北京大学力学系教授武际可评价："他是一个有锋芒的人。"杨振宁也赞叹："大家对周先生很佩服，因为他不怕压。"

1978年7月，经中共中央批准，周培源出任北京大学校长。经过十年动荡，我国基础科研几近毁灭，高等教育该何去何从，是周培源时时思考的一个重要问题。

1980年4月，他率中国科学代表团去美国访问，参加美国科学年会；5月率北京大学代表团去哈佛大学；6月又到麻省理工学院做访问教授，进行了两个月的科学研究工作；8月，去加拿大参加国际理论和应用力学大会，回国途中应希腊政府邀请，去雅典做短暂访问。这次出国，他是怀着对中国教育问题的思考，在国外考察了5个月，先后参观访问了21所高等院校，拜访了数十名校长、教授。回国后，周培源结合自己50多年的教育经验，写了题为《访美有感——关于高等教育改革的几个问题》的长文，发表在1981年4月2日的《人民日报》上。他从师资水平、人才培养、学术现代化、思想教育和高等学校的领导五个方面，就如何提高高等学校的教学水平提出了自己的见解。这是继《看法》一文后，周培源对教育理论的又一重要贡献。他在文中激烈地批判了对知识分子采取的过左政策，认为不应以"红"代"专"，不应随意给社会学、心理学扣上资产阶级的帽子……

这是一篇实实在在的讨"左"檄文，是一个年近八旬的老教育家的肺腑之言。虽然当时已是新时期，但"左"倾顽症仍不时发生，因为这篇文章，周培源被教育部发红头文件批判。

1981年，周培源辞去了北大校长职务，但仍陆续担任全国政协副主席、九三学社主席、中国科协主席等职。为了三峡工程的民主决策，他曾到湖北和四川实地考察，听取多方意见，提出了"先上（游）后下（游）、先支（流）后主（流），先易后难"的意见，以一个科学家实事求是的磊落态度坦陈己见上书中央，忧国忧民之心历历可见。

桃李满天下

从 1926 年起直至 1993 年去世,周培源从事相对论研究的时间近 70 年,从事湍流理论研究长达 50 多年,并先后在这两个物理学基础理论中重大而困难的领域里发表了数十篇论文,奠定了中国理论物理研究的基础。

虽然周培源的社会活动逐渐增多,但他始终没有放弃对湍流理论的研究。他在 20 世纪 20 年代提出的广义相对论引力论中的"坐标有关"论点,在 80 年代后期获得了科学实验的初步支持;50 年代,周培源又提出了小涡旋模型,发展了均匀各向同性湍流理论;1975 年他提出的研究湍流理论的"准相似性条件",后来在北京大学湍流实验室中获得了证实;80 年代,他又提出以"逐级迭代性"代替"逐级逼近法",从而使他 1945 年提出的湍流平均运动方程与脉动方程联立求解的梦想得以实现。这是国际湍流理论研究中的一大创举,是模式理论的新飞跃。1979 年,在阔别相对论领域 40 多年后,已 77 岁高龄的周培源赴意大利参加纪念爱因斯坦诞生 100 周年的第二届格罗斯曼会议,惊异地发现相对论领域的一些根本问题与 40 多年前相比无实质性进展，这激发了他重新研究广义相对论的热情。1982年4月，周培源发表了《论Einstein引力理论中坐标的物理意义和场方程的解》等文章，在求解爱因斯坦引力方程方面取得了重要进展。他始终认为：一个新理论，要能说明旧理论已说明的物理现象，同时还要能说明旧理论不能说明的物理现象，更要预见新的尚未观测到的物理现象，并为新的实验所证实。他还认为：一个好的工作，既要物理上站得住脚，又具备严谨的数学证明；光是数学好，但没有物理支持，是不能解决实际问题的。

通常而言，科学家从事科研事业的黄金时期是中青年，而周培源的科研黄金时期却一直延续到耄耋之年。在他80岁至90岁的10年中，他和他的学生、同事共发表了24篇科学论文，其中7篇重要论文都是他自己研究撰写、以个人名义发表的，其他论文也大多是在他的主持研究下撰写的。

周培源的一生，是沉浸于科研的一生，又是奉献于高等教育的一生。

物理学和数学一样，容易让人感到枯燥。但是周培源的课却讲得生动有趣，富有感染力，不是"满堂灌"。他每一次讲课都非常认真、起劲，语速很快，却有深度和逻辑性，能启发学生主动思考。他曾说："传播科学知识不能单凭呆板的说教，而应该有生动活泼的形式和技巧，才能引人入胜，潜移默化，达到最佳效果。"有一次讲"滑轮"时，曾一连两堂课展开猴子爬滑轮问题的辩论，用这样简单而有趣的方式，使每个学生都能深入理解动力学与静力学的本质差别。在一次理论力学课上，他向学生抛出问题："牛顿的三大定律可不可以归结为两大定律？"学生顿时傻眼，这可是动摇经典物理学基石的举动！但周培源就是要以此启发学生的思维。谁如果不小心说了个"差不多"，一准被周培源怼回去。他从不摆出师道尊严的架子，学生在请教过程中常因不同意见而与他争论，但他从不计较。北大教授王竹溪是他在西南联大任教时的学生，周培源却常把自己的学术文章给他看，并请他提意见。

毕业论文作为学生学业的重头戏，更是周培源紧抓的一个重点。他严格把关，逐句逐段斟酌，反复修改，还亲自推导验证有关公式，对标点符号、图注、目录和页码都仔细校核。这样绵密而又一丝不苟的工作贯穿了他的一生。他带的研究生说："在我撰写的博士论文及发表的有关论文中，浸透着周老的心血。每一篇论文的完成及其英文表达，无不经周老数次悉心修改。"

周培源常引用牛顿的名言："我所以看得比前人远一点，因为我是站在前人的肩膀上面。"他始终倡导"学生应当超过老师"。他说："学生在前一辈人的基础上往前走，应该超过他们的老师，这样人类才会进步。不然，如果学生总是不及老师，那就一代不如一代，最后人类就要退步到成为穴居野人了。"

1992年6月3日是周培源90岁生日,前来祝寿的嘉宾有吴大猷、顾毓琇、吴健雄、袁家骝、王淦昌、王大珩、彭桓武、陈省身、李政道、杨振宁、林家翘、任之恭、张守廉、周光召、朱光亚……如此之多"重量级人物"的"出场阵容",空前绝后。据他女儿回忆,那一天,身着西装的老人,从始至终眼眶都是湿润的。席间,杨振宁俯身到周培源耳边说:"显而易见,君之所为,人心所向。"

岁月匆匆易逝,1993年,周培源因病逝世,享年91岁。他虽是学界泰斗,却一生都谦恭有礼。多年前,他曾为爱因斯坦拍照,后来女儿问他,为何不与他合影呢?周培源说:"他是爱因斯坦,那么伟大,我怎么能站到他身边去呢?"

有人感慨地说,他之所以不愿意合影,是因为这位大科学家在他的心目中永远占有极其神圣的一席之地,延伸开去,这更是说明科学、真理在他心中占有极其神圣的一席之地。当一个人的目光可以看透宇宙和人类时,他心中涌起的必定不是狂傲,而是谦逊和敬畏。大智大勇的周培源即是如此。

琴瑟和鸣

周培源有着江南青年清秀英俊的五官,同时又有南方人少有的一米八的身高,可是因为将全部的心思放在了学术上,快到30岁时,周培源还是单身。

1930年的一天,好友刘孝锦来他家中做客。闲聊之中,周培源抱怨清华的女同事少,物理系更是清一色男教师,女友之事不知何时可成。

几天之后,刘孝锦拿来一沓北平女子师范大学的同学照片。周培源半是认真半是无意地翻着照片,突然在一个人的照片前停了下来,只是望着照片微笑,随后便指着照片对朋友说:"就是她了。"

这位女生,便是当时女子师范大学的"校花"王蒂澂,吉林人氏,芳龄二十。

周培源结婚照

刘孝锦为了成人之美,特意安排了一场宴会,将周培源与王蒂澂两人都请了过来,并将他们的座位安排在一起。正是这一场宴会,让两人相识相知,演绎了一场美丽的爱情故事。

周培源全家合影

1932年6月18日，两人在北平举行婚礼，清华大学校长梅贻琦亲自为他们主持婚礼。才子佳人，恩爱情浓，成为一时佳话。

婚后，王蒂澂为周培源添了两个女儿。此时周培源在清华大学任教，王蒂澂在清华附中教书，一家人过着现世安稳的甜蜜日子。

婚后第三年，王蒂澂不幸染上肺结核，当时并无可根治的药物。为不传及家人，王蒂澂不得不独自到香山的一个疗养院养病。此间，周培源独自一人教书，照顾幼小，每周日骑自行车往返50里探望妻子。一年后，王蒂澂痊愈出院，他一年来从未误过一次探病。他待她永远都信守承诺，一生如此。

妻子病愈后，周培源前往普林斯顿高等学术研究所进修。当时二战已经打响,美国极力拉拢各国优秀科研人员。周培源如果愿意留下,一家人便可获得美国永久居住权。

周培源置之一笑,毅然回到战乱动荡的祖国。在西南联大任教的那段岁月,于他们而言是一段艰苦而温暖的日子。

薪水大减,通货膨胀,生活与工作条件都极其艰苦。王蒂澂在战乱中生下了第三个女儿,身体大不如前,但她承揽了所有家务,只为让丈夫安心备课做学问。寒风冬夜,窗纸呼啦作响,周培源每日备课到深夜,王蒂澂哄睡了孩子,为他端来一杯热水。看着孩子们香甜的睡容,他捧着热水,一言不发,只是对她笑,她也笑,脸上尽是柔情蜜意。

晚年的周培源与王蒂澂生活在北大燕南园(教师居所),经历过那么多苦难后终于可以安享晚年,王蒂澂一如她的名字,一生如同并蒂莲花,始终高洁清芬,而周培源则一生都将王蒂澂捧在掌心。晚饭后,他们总是携手出门散步。夕阳下,他们并肩而行的身影,是清华园里的一道绝美风景。

王蒂澂习惯晚起,他每天都会在她醒来之际守在她身旁,待她睁开双眼时,便对她说一句"我爱你"。这一年他年逾90,她也已经80岁了。"我爱你"这三个字,周培源说了60多年。周培源晚年右耳失聪,从此每天都要大声说话，对王蒂澂的情话也自然嚷嚷得邻居们无人不晓。

1993年的一个早晨，一向早起的周培源，眼神疲惫。王蒂澂让他再睡会，他乖得像个孩子一样躺下了。谁知这一躺他便再也没有起来。

随后，她平静地料理了丈夫的后事。他的衣袋里，装着一张她让女儿代写的纸条："培源，你是我最亲爱的人，你永远活在我的心中！"

爱情的缘分总是让人觉得恰到好处，周培源拿着那么多女同学的照片，谁都不选偏偏选了王蒂澂，就那么坚定的一句"就是她了"，一生都未食言，他待自己选定的这个人至死也如同赤子一般真诚。

一如中国那句古话：执子之手，与子偕老。

诸福棠：医者仁心

> 诸福棠（1899—1994），江苏无锡人。中国儿科学的奠基人。1955年被选聘为中国科学院学部委员。

强劲的朔风扑打着海面，白色的海浪，此起彼伏；天空乌云漫卷，云海翻滚飞渡。一声汽笛长鸣，从太平洋彼岸驶来的远洋客轮，即将停靠上海港。

在客轮的二等舱位，倚窗坐着一位青年。他身材颀长，面孔清癯，穿着时兴的黑色对襟上衣，鼻梁上架着一副黑边眼镜，透出一股知识分子特有的文气。不过，他与同伴没有任何交流，面色凝重，似有心事。

勤勉世家

诸福棠，1899年11月28日出生于江苏省无锡县

（今无锡市）东亭乡杨亭村。

祖父诸玉鸣，为人忠实厚道，年轻时习练中医，学成后即在家中悬壶行医，尤其擅长内科。诸福棠19岁时，祖父与世长辞，当时任教育总长的蔡元培曾亲撰《玉鸣先生像赞》云："袭兰荪，采芳芷；蓄道德，耽文史；医活人，诗娱己；貌温温，真君子。"祖母范氏，是北宋政治家、文学家范仲淹的后裔，常常绘声绘色地给年幼的孙儿讲述古代英雄人物的故事。

诸福棠的父亲诸金吉是清末秀才，为人淡泊名利，无意于官场，一生热心于教育事业，先后创办过三所小学。他大胆革除旧式教育，实施创新，除原有国文和文科知识外，增设了算术、音乐、图画、体操等课程。但要说对诸福棠影响最大的，也许是他的姑母诸希贤。

诸希贤少年之时，女学初兴。她决意外出求学，考入了城区的竞志女校师范科。当听说当时我国唯一的女子师范学校——天津北洋女师招生时，她又借得30元路费，随熟人搭轮船赴津应试，最终榜上有名。入学后，诸希贤专修数理新课，获最优等成绩，每月可得奖学金（当时叫津贴）。毕业后，诸希贤被分配到新开办的北京女子高等师范学校任教，不久被聘为学监主任。四年后的1924年，她应无锡县教育局之邀，回乡担任无锡县女子师范学校校长。在任期间，她主持扩建学校，花费2.5万元，没用政府一分钱；自身却布衣素餐，还拿出薪资的一半作为贫寒子弟的助学金。五年之后,当她离任之时,学生人数已从200人增至800人。

诸希贤全身心投入女子教育事业,终生未嫁,对侄儿的扶养教诲甚至超过了他的父母。由于祖孙三代均是单传,加之诸福棠自小身体羸弱,父亲希望儿子在家守住田产、平安度日就可以了,而姑母竭力主张"放弃家业,外出求学,独立谋生,为国为民"。最终姑母说服了父亲,小福棠由此走上了一条与父辈完全不同的人生之路。

1954年,诸希贤逝世周年,诸福棠特为其撰写了一篇《我的姑母》。文中说:"我在学龄初期,即由姑母教读,诱导我倾听名人逸事,以激发志气;教导我扫地擦桌,养成勤劳习惯。我犯错误时,她循循然规劝我,稍有成绩时,则欣喜地夸奖我,引导我上进。我患重病时,又千里迢迢赶来慰问我。她的言教身传对我的成长影响很大,我的品格修养及学术成就,均得到她的熏陶……"

"病"少年

1910年,11岁的诸福棠身着袍褂,辞别故乡,负笈远行,由"小上海"无锡直奔黄浦江旁的大上海。

这位农家子弟带着一身乡土气息,踏上奔赴十里洋场的征程。诸福棠在老家只随父亲在新学堂读了三年初小,成绩虽然是优等,所获知识却很有限。他随父亲到上海后,住进一家旅馆,一门心思为报考仰慕已久的南洋公学做准备。

南洋公学(今上海交通大学前身)创办于1896年,是我国创办最早的高等学堂之一。南洋公学内分四院:师范院、下院(相当于小学)、中院(中学)、上院(大学)。这所学府勇开风气之先,声名大振。诸福棠报考的那一年,南洋公学下院计划招生40—50名,而全国各地报考的学生竟达1000多名。诸福棠很幸运地脱颖而出,金榜题名。

入学后,诸福棠的生活很规律,白天上课,每晚7—9时自习,有教员监督。9点摇铃下课,开放个人食柜,以存放的饼干作夜点。然后向老师领取小说分头阅读,所读书目有《水浒传》《西游记》《三国演义》《儒林外史》等,唯独把《红楼梦》列为禁书。晚10点熄灯就寝。诸福棠平时不出校门,专心读书,各门功课成绩优异,名列前茅,顺利进入了中院。

诸福棠生性文静,身子单薄,运动场上很少见到他的影子,而校医务室却是他时不时光顾的场所。入学不久,诸福棠得了脚气病。脚气病,在世界上是我国最早认识到的一种疾病,早在隋唐时期,"药王"孙思邈的著作中就有记载。诸福棠当年对这种病没什么认识,不知道脚气病的严重性。他只觉得疲乏软弱,肌肉酸疼,下肢微肿，食欲大减。他向校医求诊，校医给他开了对应的药，他按时服下，渡过了这场病痛难关。

祸不单行，不久，诸福棠又染上了急性传染病白喉，他觉得喉痛、发热、恶心、疲乏。那个年代还没有药效理想的白喉抗毒素，他被送进了传染病医院，经过十多天的治疗、调养，总算没出现什么险情。

由于身体弱、抵抗力差，诸福棠频繁地遭受病魔的侵袭。1917年中院毕业的夏天，他突患重症伤寒，秋天又并发细菌性痢疾。这场病不轻，害得他在病床上躺了半年，休息了将近一年。

从中院毕业后，南洋公学上院向他敞开了大门，免试迎候他入学。然而，深受病患之苦的诸福棠决心学医，以济世救人。他也记得祖母给他讲过的范仲淹"不为良相，便为良医"的名言。他听说北京的协和医学院水平高，就把目标瞄准了那座高等学府。不幸的是，到了1918年夏天，他又患了急性扁桃体炎，错失了报考协和医学院的机会。病愈后，他暂到南京进入金陵大学医预科，插班二年级就读，准备来年再考协和医学院。

1919年，他如愿考取了协和医学院的预科三年级。正准备北上入学时，病魔再次侵袭，诸福棠又患上了重感冒，误了9月1日的报到时限。

协和医学院的高才生

北京协和医学院,矗立在北京东城的东单帅府胡同东口,建筑颇有宫殿气派,绿色的琉璃瓦屋顶富有民族特色,但办学的却是美国人,大多数教师来自欧美。

1919年10月1日,诸福棠来到协和医学院报到入学,此时距离报到的日子已经过去整整一个月。预科物理教授兼教务长斯梯佛罗(Stifeller)表情严肃,全无笑意,冷冷地对诸福棠说:"我们这里功课很紧张,你延晚一个月,我们正准备写信给你,不必今年入学了;你既然来了,只可插入二年级,等待月终考试,如不及格,还是回去好。"

在忐忑之中,诸福棠终于等来月考。预科二年级的主课除物理、化学、生物以外,还有中文、外文,其中物理是最难的,教授又是那位令人不寒而栗的斯梯佛罗。考试结束,大家的成绩证明物理确是最难攻克的堡垒,全班只有两人及格,其中一个便是诸福棠。其他课程也顺利过关了。在南洋公学打下的基础,是这次取胜的原因。

北京协和医学院实行八年学制,在进入五年本科之前,需学满三年预科。办预科、八年制,都是协和医学院的特点,当时在国内院校中是首创。同时,协和医学院从开办之日起就用英文教学,因为当时国内缺乏必要的

二泉今犹映明月

中文教材，同时考虑到学术发展需要，使用英文教学可以直接吸收世界各国先进的医学知识，便于同国外进行科学技术联系，加强国际学术交流。学生所用参考书主要也是英文的，早期占多数的外籍教师也用英文教课。这样，对学生的要求就更高了，记笔记、写论文，以及写病历、化验报告、处方等全用英文。进入协和，英文必须达到四会：会听、会讲、会读、会写。诸福棠在南洋公学有过多年英文讲写的锻炼，根底较深厚，到了协和自然可以应付自如。应预科的规定，他还选学了德语。

1921年，22岁的诸福棠风华正茂，却再一次迎来了病灾。一天，他忽觉剧烈头痛、疲乏、寒战、胸痛、恶心，晚上睡不着觉。那种滋味远比前些年得过的病难受得多。他到校医韦尔诺（Willner）那里求诊，被诊断为斑疹伤寒，当即被送进协和医院，住进了病房。诸福棠辗转病榻，有时昏迷不醒。经诊断，诸福棠并发了支气管肺炎。当时还没有氯霉素、四环素之类有效的抗生素，肺炎的死亡率高达17%。

诸福棠重病住院，惊动了众亲友。父亲、姑母闻讯匆忙上路，千里迢迢赶来北京探视。姑母诸希贤在70岁时的自传中写道："1921年5月余，余正带领北京高等女师师生参观沪杭女学，住上海务本女校。夜半忽有无锡来人，告以福棠侄在协和医院患斑疹伤寒并发支气管肺炎，生命垂危，忧心如焚。即以学生参观事委托其他教员,匆匆回锡,与兄同车返京,到协和询问校医,云希望极少。幸经医护悉心救治,转危为安。以后学成致用,为儿童服务,有功于社会。当时自觉缺乏智能,未能普济世人。热望棠侄继起,以继余志。"

经过精心的诊疗,诸福棠终于转危为安。然而,由于他体质弱,出院后随即在北京和无锡两地疗养。等他重返协和之时,已经是一年后的1922年了。他通过了严格的考试,正式升入本科。

本科的课程依然严格且紧张。正如他自己说的,"入本科后,功课如层层波涛,迎面而来"。头几年的临床前期课程尤其严格。对那一段学程,诸福棠获益终生、记忆犹新,让他感觉最难的是生理课,教授是英国人克鲁馨(Crosk Shank)。他专长研究,对实验课抓得很紧。实验动物初为青蛙,后改为小狗,一般当天做不完,常需在夜间或星期日到实验室去继续做。生理学是一门不下苦功很难过关的基础课。最早在协和任教的中国人、国际著名的吴宪教授的生物化学课也是一大难关,他每次上课前五分钟要出一题笔试,内容往往是课本和讲堂上没讲过的。神经解剖学由荷兰著名教授卡泼斯(Kapps)主讲。他用五色图线代替神经通络(当时还没有通络仪器图),讲得生动活泼,很有意味。寄生虫学更不好过关,美国著名寄生虫学家法伍斯特(Faust)教授要学生们记熟各种蠕虫的尺寸,连小虫卵子的大小都须牢记,几近强人所难了。

协和的教育方式强调实验室和临床实践在教学中的重要性。课堂授课不作为主要的教学方法,所占时间不超过总学时的三分之一,其余时间供学生参加科学实验。二年级时,诸福棠随药理学教员陈克恢研究用于收缩子宫的中药苦草,从中提炼出一种钾盐。两人合写了一篇文章,登在生物学和实验医学的会报上。诸福棠还跟随一位内科副教授研究回归热螺旋体在显微镜下的变化。

学有所成,离不开名师指点。协和请来的都是中外著名学者、教授,学生们深受其惠,印象深刻。诸福棠很喜欢听内科教授斯乃博(Snapper)讲课。他是犹太人,讲课条理清晰,要点明确,入耳入心;并善于讲临床示范课,常常抓住一个有趣的诊疗问题大大发挥,令听者终生难忘。斯乃博教授讲课,堂堂人满为患,许多助教、讲师也来听讲。诸福棠读到本科三年级时,美国著名儿科权威豪慈(L.Emmett Holt)来协和任客座教授。豪慈讲课生动形象,深得诸福棠之心,渐渐将他的兴趣引到儿科上来。

在每年众多考生中,只有少数青年能迈进协和这个高门槛。在八年的学业中,这些年轻学子又要经过层层淘汰,最终能毕业的人数不多,早期更少,1924年第一班只有3名毕业生,第二班只有5人拿到毕业文凭。因此,要想不被淘汰,必须非常努力。诸福棠日夜埋头苦读,终于在 1927 年以出色的成绩结束了课程,获得医学博士学位。按本科五年分数总评,他又是全班第一名,获得了每年毕业班唯一的"文海奖"。

事业即将开始,且看他在之后更加漫长的岁月里如何奋勇前进吧!

造就"小儿福音"

毕业后的诸福棠,留校被聘为助理住院医师。由于成绩出众,他很快又当上了第一助理住院医师兼助教,做美国著名儿科专家魏吉(Weech)教授的助手。当时儿科属于大内科,没有住院总医师,只有第一助理住院医师。后来,美国出版的英文版《中国宫殿式的协和医学院》一书中,有魏吉教授的一段回忆。他写道:"我最感满意的是同住院医生诸福棠一起工作。诸福棠是一个出色的学者和科学家,他对患儿特别关心,担心患儿的痛苦,甚至夜间都睡不踏实,是我一生中所遇见的最负责任的住院医生。"

1931 年,经魏吉教授推荐,诸福棠登上客轮去往美国,开始了在波士顿哈佛医学院儿科实习的生涯。这里医疗设施和学习研究条件都不错,诸福棠如鱼得水,一展身手。第二年夏天,他在儿童病房任代理住院总医师。以往在美国进修的年轻中国医生中,还没有一个能在这样著名的美国儿童医院里担任如此重要的职务。同在美国波士顿实习的谢少文日后回忆："当时他每天忙于科研和医疗，除了阅读文献、做试验，就是照顾病人，几乎没有去玩过。"

疾病是不分国界的，当时的美国麻疹流行也很严重。诸福棠冥思苦想：有没有一种防患于未然，使儿童免得麻疹的好办法？这是一个大胆的设想。他想起了在大西洋的法鲁岛曾有过一种现象：在麻疹流行时，岛上有近三分之一的人丧生，而许多得过麻疹的妇女的初生儿却安然无恙。他大胆设问：是不是患过麻疹的母亲产生了一种抗体，通过胎盘传递给了胎儿呢？为了证实，他收集了健康产妇的胎盘，以2%的盐水制备胎盘浸出液，用不同浓度的硫酸镁溶液沉淀得出两种不同的球蛋白，即优球蛋白和假球蛋白，后者溶于生理盐水就是含有抗体的球蛋白。诸福棠用球蛋白在兔子身上试验，证明它含有白喉抗毒素的成分；又在正患猩红热皮疹的患儿皮区内进行"转白试验"，证明它也含有猩红热抗毒素的成分。

那些日子，诸福棠废寝忘食，十分兴奋，隔一两天就提着个消过毒的小桶，送到和儿童医院同一条街的哈佛妇产医院，请他们留下健康产妇的胎盘，又亲自提回来，从中提取假球蛋白。他经过反复多次的试验研究，终获成功，制成了大量胎盘球蛋白，给接触过麻疹的患儿在潜伏

> ANTIBODIES IN PLACENTAL EXTRACTS
>
> CHARLES F. McKHANN
> AND
> FU TANG CHU
> BOSTON
>
> The presence in the new-born infant of partial or complete immunity to certain communicable diseases has been established by well confirmed observations. Thus the great majority of infants under 5 or 6 months of age appear to be immune to measles, scarlet fever, diphtheria and poliomyelitis. In contrast to this immunity, there is no demonstrable immunity of the infant to smallpox, chickenpox, pertussis or infection with pyogenic organisms.

诸福棠关于胎盘球蛋白免疫作用的论文

期早期做肌内注射后进行观察，最后证实这些孩子或获得了被动免疫，或减轻了症状，都不致并发肺炎而危及生命。诸福棠将实验成果写成论文投寄给《美国小儿疾病杂志》和《传染病杂志》。《时代》周刊的记者闻讯后，立即前去采访，在报道中称赞这一研究成果是"小儿福音"。

20多年后的1956年，诸福棠代表中国到丹麦参加第八届国际儿科学会，美国著名儿科教授卡拉利兹（Karaits）把他介绍给与会者："这就是发明胎盘球蛋白的诸福棠教授。"

创办儿童医院

1933年，两年实习期满的诸福棠回到国内，当上了协和医院小儿科主任。他是在协和当临床科主任的第一位中国人。从华西协和大学医学院派到协和进修的曹钟梁回忆当年情景,有这样一段叙述:"第二学年,我先从在儿科做一个月的实习生开始。我对诸福棠老师的印象非常深刻,他的言行与我在第一学年所接触到的一些人大不一样。对我这样一个外来的进修人员,他十分和蔼谦逊,热情关怀。他似乎充分了解来协和进修人员的各种复杂心情,对我们体贴入微地予以关照,不论在工作安排上还是生活细节上都想得很周全,使我非常感动,毕生难忘!"

1937年7月7日,卢沟桥的一声炮响,揭开了日军全面侵华战争的序幕。北平沦陷以后,由于协和医院有美资成分,日军没有过多干扰。就这样,诸福棠在医院与宿舍之间深居简出,看病,教书,研究学问,过了几年相对稳定的日子。1941年底,太平洋战争爆发了,耀武扬威的日军开进美国在中国的这块"领地",学校、医院、宿舍全被侵占,学生停课,病人全部出院,外籍人员均被监禁,全校医护员工只能各谋生计。深思熟虑之后,诸福棠决定筹办一个儿童医院。他找协和小儿科的年轻同事吴瑞萍、邓金鎏商量,结果一拍即合。两人尊诸福棠为院长。

建院先得有个地址。吴瑞萍征得父亲和家人的同意,把东堂子胡同13号的一座小楼让了出来,作为院址。3000元的买药资金,由诸福棠夫人向亲戚筹借。

曾经兼任协和医院儿科护理监督的刘静和也被请了过来。她按协和的标准布置门诊部和病房，连床单也不能有接头；两间小病房的墙壁、窗帘、桌布用不同颜色，一间粉红，一间淡绿，十分整洁雅致。这座小楼，只有不到10间房，员工13人。1942年2月先开门诊，4月4日挂出"北平私立儿童医院"的牌子，正式开院了。医院的口碑很好，日门诊量很快达到200人次。

在勠力创办儿童医院的同时，诸福棠还与同事着手撰写专著《诸福棠实用儿科学》。初稿的写作始于1937年。他们披星戴月，苦战五载，80万字的《诸福棠实用儿科学》终于完稿，诸福棠亲自写了其中80%的内容。1943年1月，书稿由设在上海的中华医学会总会出版问世。诸福棠在序言中写道："我国儿童之发

1942年，北平私立儿童医院护士带领住院患儿在病房外活动

病率及死亡率,远超过于先进诸邦,最大原因乃系预防知识未能普及,医界乏倡导之热忱,政府无推行之热心,遂致疫病流行,死亡枕藉。其影响于家庭幸福、社会经济,皆不可胜言……"这是国人自著的第一部儿科学专著。宋庆龄在上海看到刚出版的《诸福棠实用儿科学》十分高兴,设法寄到了解放区。这本书在那里得到广泛翻印,对解放区广大儿童的医疗保健工作起了重要作用。

对于诸福棠来说,《诸福棠实用儿科学》的出版,只是起点远非终点。多年来,在他的办公室和家里的书桌上,总有一两本《诸福棠实用儿科学》。他根据新文献与新经验随时进行修改,几乎每一页的边角行间都有他新增的字句,甚至有整段的修改。《诸福棠实用儿科学》初版时80万字一册,到1985年第四版时发展到上下两册,共计370多万字。直到褚福棠去世以后,这部《诸福棠实用儿科学》仍然是我国儿科的指导用书,一再重版。2015年,最新的《诸福棠实用儿科学》

《诸福棠实用儿科学》(第8版)书影

第八版又出版面世，由他的学生胡亚美担任主编。

1945年8月15日，日本无条件投降，抗战结束了。诸福棠盘算着怎样给儿童医院寻个大些的地址。天安门西南方，今天人民大会堂的西侧，当时叫府前街，有几座赭红色小楼组成的一个小建筑群，英国人曾在那里开办过首善医院。这几栋小巧玲珑的房子不仅位置好，正当市中心，而且建筑标准规格、医疗设施比较先进。可惜敌伪时期被日本人占用，糟蹋得不成样子了。抗战胜利后，房主收回了房子，却无力修复使用，就答应租给北平私立儿童医院。

不久，儿童医院喜迁府前街，在首善医院旧址上开始了新的业务，病床由6张扩充为30张。诸福棠动用几年积累的资金购置了一大批病床药物、医疗器械，还聘请了专职的药剂师、化验员，新买了X射线机。医院的业务蒸蒸日上，超出预料。诸、吴、邓三家分住的西小楼被腾出来改为病房，又增加了20张病床。

不久，诸福棠应聘出任北京大学医学院儿科教授兼主任，吴瑞萍、邓金鍫不久也被请去任教。诸福棠讲课，内容丰富，生动活泼，使人历久不忘。有儿科助教说："三年来听诸教授讲麻疹，每年讲法不一，都是要点突出，娓娓动听。"胡亚美22岁大学毕业来到儿童医院后，深受诸福棠的教诲；1948、1949年又有江载芳、李同等先后从北大医学院到儿童医院工作。这样，儿童医院开始形成了"三老带三小"的基本格局。

为现代儿科学奠基

1951年秋天的一个下午,诸福棠突然接到一个电话,原来是北京市市长彭真邀请他到复兴门外去看地形。彭真告诉他,政府决定建立一所大型儿童医院。新医院设多少床位,建在什么地方,想听听诸福棠的意见。

彭真带着诸福棠驱车来到复兴门外的护城河畔。这里当时还是一大片菜园子。彭真指着一块地以商量的口吻对诸福棠说:"就建在这儿怎么样?如果到远郊去,地方还可以大一些。"诸福棠说:"就在这儿好,这儿离市区近,孩子们看病方便。"地址就这样定了下来。

关于医院的床位数,彭真提出了1000张的设想。诸福棠认为一下子搞那么大规模,实在不好管理,主张600张病床。诸福棠的主张,也得到了彭真的同意。

抚今追昔,诸福棠激动不已。祖国刚刚解放,百废待举,党和政府就如此重视儿科医疗事业,拨出专款建设大型儿童医院。他兴奋地把这件事转告了吴瑞萍、邓金鎏两位同事,并商定把三人合办的私立儿童医院奉献给国家。1952年六一国际儿童节,由吴晗副市长代表北京市人民政府接受了他们的献礼,并将私立儿童医院更名为北京市第二儿童医院。

接着,诸福棠开始着手筹建北京儿童医院。在那些日子里,诸福棠为医院的设计和施工费尽了心血。他找专家征求意见,和工程师一起研究设计方案。为了孩子,诸福棠想得很细,甚至病房的门怎么开,窗户如何设计,他都考虑到了。他要求儿童病房的墙壁、天花板涂成黄色,营造明快鲜亮的气氛,让孩子们情绪愉快;婴儿病房要刷成绿色,这种颜色较暗,有利于保护婴儿的眼睛。他要求油漆工把各色油漆带来,同工人一起挑选,一样一样地试,他还特地建议设计人员在病房门窗的磨砂玻璃上留两条透亮的横道,以使探望的家长可以看到室内的孩子,而病儿看不到家长,避免影响病儿的情绪。他还要求在每一个病房附近设计一个临床示教室,便于观察个别病儿,使见习医生和实习医生可以专心地坐着听讲,以免病房里由于噪声较多,相互干扰。儿童医院的婴儿住院部因其鲜明的中国特色而与北京人民大会堂、友谊宾馆等43座当代建筑一同载入英国出版的《世界建筑史》。

我国早期的儿科并不再细分科,12岁以下外科病儿死亡率很高。诸福棠为此绞尽脑汁,一直苦于无力解决这个难题,现在有条件了,他决心把新院的外科办成全国首屈一指的小儿新专科。1950年,卫生部召开全国卫生工作者代表大会,正在北京医学院附属医院当外科住院总医师的张金哲也参加了这次大会。会上张金

二泉今犹映明月

诸福棠在办公

哲发言指出，12岁以下的外科患儿几乎每三个就有一个夭亡；新生儿皮下坏疽的死亡率更是接近百分之百；就连本不算什么大病的幽门狭窄，造成儿童死亡的也很多……如果有从事小儿外科的专业医生，问题不会如此严重。这个信息传到诸福棠耳朵里，他急不可待地找到张金哲。"你真想干小儿外科？""想，外科病孩子死亡率太高，应该有人干！"诸福棠高兴地连声说："大喜事，大喜事！"从此，两代有志者结为忘年交，时有来往。在筹建儿童医院时，诸福棠三顾茅庐，请来张金哲负责新办的小儿外科。后来，张金哲说："中国小儿外科的创立和发展，是从诸福棠教授开始的。"

1955年6月1日，国内首屈一指的北京儿童医院正式落成。市长彭真亲临剪彩并讲话，宣布诸福棠为儿童医院院长。

新建的北京儿童医院，内、外、中医、传染、五官各基础科室俱全，后来又分设了呼吸、心脏、血液、肾脏、内分泌、神经、结核、新生儿急救、肿瘤、烧伤、骨科、泌尿与心血管外科等专业组，床位增加到750张，门诊量日均达4000左右人次。20世纪50年代，北京儿童医院与其他医疗机构协作，对中毒性痢疾、中毒性消化不良、腺病毒肺炎、麻疹后肺炎等常见病、多发病进行研究。在短短两年内，采用冬眠疗法及消除微血管痉挛药物，将中毒性痢疾的病死率从30%左右降到5%以下。1958年北京流行腺病毒肺炎，经过改进医疗，病死率由26%下降到10%左右。60年代深入研究病原学和水、电解质紊乱的规律，不断改进液体疗法，使中毒性消化不良的病死率由20%降到1%以下。

英国皇家学会儿科负责人、曾任国际儿科学会秘书长的斯坦普来顿教授多次访华，与诸福棠多有通信往来。1988年夏季，他访华回国后来信说："当我每次访华，看到你经手设计和开办的儿童医院，常设想，你一定回想到一生的辛劳和突出的成功。不知你当初开始从事北京儿童医院的建设时，是否想象到它今天是这样一座设备完善的著名学府？是你热爱儿童和儿科工作，创建了这样的高尚模式，使后来的接班人得以仿效，继续这种高标准的科学工作。"又说："你作为一个伟大的开拓者，作为伟大的中国公民，我十分钦佩你！"

麻疹是世界上常见的一种儿童传染病，它是由麻疹病毒经呼吸道传染而引起的，对儿童的健康威胁很大。诸福棠一直致力于麻疹被动免疫的研究，并成功地从胎盘里提取出假球蛋白用于肌内注射以实现被动免疫。为了彻底制止麻疹的流行，诸福棠又决心进行麻疹自动免疫的探索。

一次，诸福棠从国外的一份刊物上看到哈佛医学院微生物学实验室利用组织培养成功分离出麻疹病毒的消息。这个新的研究成果，振奋着诸福棠。他思索道：人对麻疹没有先天的抵抗力，但人得了一次麻疹一般就不再得第二次了。既然人体通过生病能获得免疫力，那么，能否找到人工接种疫苗的办法达到自动免疫的效果呢？

深夜，人们都熟睡了，诸福棠的工作室里还亮着灯。他从书橱里拿出一本清代俞茂鲲著的《痘科金镜赋集解》一书细心阅读。据俞茂鲲记载，人工预防接种在我国早已应用。到16世纪中叶的明代隆庆年间，以种人痘法预防天花已经取得成功。此法是将天花病人的痘痂或痘浆稀释减弱，然后移植于正常小儿的鼻孔或皮肤，从而发生轻的或局部的天花感染，以获得长期免疫。既然天花能通过痘苗接种达到长期免疫，那么，麻疹也一定能找到人工接种获得自动免疫的途径！诸福棠合上了书，认真思索着。

1960年初夏，卫生部在四川成都召开病毒防疫会议。麻疹自动免疫是会议的重要议题之一，会议决定由诸福棠具体负责这项工作。

回到北京,诸福棠就急急忙忙地奔走于北京的病毒研究所、生物制品所、儿科研究所之间,组织力量投入研究工作。从被动免疫到自动免疫,是一个飞跃。要实现这个飞跃,并不是轻而易举的事情。首先要分离出麻疹病毒,这在前些年已经做到了。现在,关键是要使毒株适当地减毒,从而使注射到小儿体内的毒株能平安地产生一种抗体,实现自动免疫,使小儿在很长一段时间内不患麻疹。但这是一个非常复杂的过程,需要经过漫长而坎坷的探索道路。

经过一段时间的探索,诸福棠与同事们发现,从各种组织中培养出的麻疹毒株,只要传代够多,都能使麻疹病毒的致病能力减弱到一定程度。根据这个原理,他们反复实验,终于培养出传过几十代的高度减毒的活疫苗。当这批疫苗第一次在孩子身上接种时,诸福棠比谁都操心。他不仅安排了几个医生日夜守护孩子,观察接种反应,而且每天早上亲自去观察情况,掌握第一手资料。当有的孩子家长对接种不放心时,他还亲自登门安慰。接种的实践证明,用这种比较稳定的高度减毒的活疫苗给儿童注射后,可使95%的易感儿的血清麻疹抗体由阴性转为阳性,具有高度的免疫性。接种疫苗的易感儿在和麻疹患者密切接触后,基本上不发病。如果在麻疹流行地区,对易感儿在接触麻疹之前进行大规模的预

诸福棠雕像

防接种，就可以制止麻疹的流行。

1964年8月，在北京召开了国际科学讨论会。亚、非、拉的44个国家和地区的367位科学家欢聚一堂。会上，白发苍苍的诸福棠怀着兴奋的心情，代表儿科研究工作者，向与会者报告了我国麻疹自动免疫的研究成果，宣读了论文。1965年，这项达到国际先进水平的研究成果初步被推广到全国范围，使我国儿童麻疹发病率大为降低。

诸福棠为儿科事业所做出的巨大贡献注定要被载入中国医学史。儿科界同人称他为小儿科的先驱、权威、泰斗；彭真称赞他是"贤明国手、儿童福音"；原卫生部部长陈敏章称他是"中国现代儿科学奠基人"。他当之无愧。

为鼓励我国儿童医务工作者追随诸福棠的崇高理想，加中儿童健康基金会在1991年设立了"诸福棠奖"。

钱临照、钱令希：兄弟行

> 钱临照（1906—1999），江苏无锡人。物理学家，我国金属晶体范性形变和晶体缺陷研究以及物理学史研究的奠基人之一。1955年被选聘为中国科学院学部委员。

> 钱令希（1916—2009），钱临照之弟。工程力学家，中国计算力学工程结构优化设计的开拓者。1955年被选聘为中国科学院学部委员。

出无锡，东行20里，有个小镇叫鸿声里，一条名叫啸傲泾的小河从东向西缓缓流过。沿啸傲泾北岸散居着无锡钱氏的众多子弟。这里出了一位国学大师钱穆和五位两院院士：钱伟长、钱临照、钱令希、钱俊瑞和钱易，几乎代表了文理两大学科在近代的最高成就。其中，钱临照和钱令希是一对亲兄弟，在1955年双双被选聘为中国科学院的首届学部委员。

一

兄弟俩的父亲钱伯圭,青少年时期曾从南洋公学(上海交通大学前身)肄业。1902年11月,南洋公学爆发了一场学潮,200多名学生集体退学,史称"墨水瓶事件"。钱伯圭也于此时退学返乡,在家乡鸿声里办起了新式的鸿声小学。1908年左右,钱伯圭受聘来到与鸿声里接壤的荡口镇果育小学任体操教员。钱穆当时就在这所小学就读,他晚年在《八十忆双亲》中对"伯圭师"的教益多有温馨的回忆。他写道:"余之毕生从事学问,实皆伯圭师此一番话有以启之。""余自幼即抱民族观念,同情革命民主,亦由伯圭师启之。"

钱临照自6岁开始在父亲办的鸿声小学就读,1915年入荡口鸿模高等小学,越三年毕业。鸿模高小是由果育小学改制而来。在鸿模高小时,钱临照已显露出扎实的国文基础。在《本校同学录序》中,他写了如下的一段文字:"学问无穷也,浩如烟海,深如江河。孔子至能也,学问尚有未尽,况吾人远不如孔子,岂可以小学毕业为已足乎?小学之学问,犹花木之初芽,学未深,道未通,安可不自励哉?"由此,就不难理解他成年后在一些关键时刻所做出的不同寻常的选择。在鸿模高小就读时，钱临照深受钱穆和刘天华两位老师的影响。1918年，钱穆重回鸿模高小任教，已经毕业的钱临照决定延学一年，师从钱穆读古文。钱穆治史重考据的态度，宽厚待人乃至交绝不出恶声的胸襟等品格，直接影响了钱临照今后的治学态度和做人准则。钱临照曾随刘天华学五线谱和小号演奏，虽然后来在音乐方面没有成绩，但他却从刘天华身上学到了刻苦勤奋、不畏艰难的意志。

1921年，钱临照在无锡公益工商中学、上海商科职业学校进行了几年学习之后，于1925年进入上海的大同大学物理系就读。大同大学由其父南洋公学时的同学、无锡同乡胡敦复创办，在私立大学中与天津的南开大学齐名，有"南大同、北南开"之称。

大同大学的物理系主任，正是胡敦复之弟胡刚复。胡刚复是我国第一代物理学家，1909年留美，1918年以X射线的实验研究获哈佛大学博士学位。胡刚复在教学中力倡物理实验，是将物理实验引入中国讲坛的第一人。钱临照踏入物理学殿堂甫始，就被胡刚复耳提面命物理实验问题，不觉将其纳入心底而酿成信念，不仅一辈子身体力行，而且在理论上也多有阐发。1929年，钱临照从大同大学毕业，先后在广东省兴宁县及上海市两地的中学任教，一年后前往沈阳，在东北大学物理系任助教。当时的东北大学由张学良兼任校长，他不惜巨资,聘请各地名师来校任教。

1931年,九一八事变爆发,日军一夜之间占领沈阳。全校师生悲愤至极,被迫走上流亡之路。钱临照搭乘火车入关来到北平,借住在严济慈家。严济慈1927年曾应恩师胡刚复之约,在大同大学短期兼课,与钱临照有师生之谊。此时严济慈已是二度赴法归来,刚刚创建国立北平研究院物理研究所并任所长。

为谋生计,钱临照准备南下,到上海英工部局一家电话局任技工职位,月薪颇高,有160元大洋。他回忆:"上火车前我打电话向严老辞行,他让我别忙,问我愿意不愿意接受半薪助理的位子,我当然愿意,别说月薪40元钱,4元钱我也愿意。"钱临照几乎未加思考,便当了一位半薪助理。这一选择成为钱临照人生道路上的一个转折点,由此开始,他走上了职业物理学家的道路。严济慈因此也被钱临照认为是继钱穆、胡刚复之后对自己一生有重要影响的第三位老师。钱临照曾风趣地说:"是严老用月薪40元把我引上物理研究的道路。"

在此后的三年内,钱临照在严济慈的指导下做了两个课题:一个是压力对照相乳胶的感光作用的研究,另一个是水晶圆柱体在扭力下产生电荷及其电振荡的研究。两人合作撰写了多篇有分量的论文,发表在英国的《自然》杂志、法国科学院《周刊》和中国《物理学报》上。

当时,简单的望远镜、显微镜全部要从国外进口,钱临照对此刻苦钻研,成功掌握了切割水晶体的土方法,试做简单的光学仪器取得成功。这可视为我国科研与应用结合的最早的典范。

1934年,钱临照考取第二届中英庚款留学生,同年秋进入英国伦敦大学学院的福斯特(Foster)物理实验室,师从葡萄牙裔英国物理学家安德雷德(Andrade)进行实验物理研究。他的第一个研究课题是继续深化国内进行的水晶圆柱体在扭力作用下产生电荷的实验,用实验手段首次发现了体电荷的存在。接着,钱临照又对水槽中层流在横截面各点流速分布这一流体力学的课题进行了研究,写下了《水注在水中的流速分布》的论文,并讨论了水注的动量、水注的有效源头和水注的动能问题。

这一年秋,纯粹与应用物理学的国际会议在伦敦与剑桥两处召开。钱临照受这次会议讨论的影响,走上了从事晶体范性形变研究的道路。他选用低熔点的碱金

钱临照、钱令希兄弟

属钠、钾为工作物以及熔点高达 2630℃的钼单晶为样品，第一次令人信服地证实了体心立方晶体滑移面选取的温度效应。安德雷德教授根据他与另一位华籍学生的数据总结出相应的规律性认识，这是当时对体心立方晶体滑移的变化规律的最完整总结。

　　光阴荏苒，钱临照在英三年，三易研究课题，发表5篇论文。1937年春，安德雷德让他将水晶、流体力学、体心立方晶体的范性形变三项工作的结果汇总成论文进行答辩，但钱临照婉言拒绝。其中缘由，钱临照在自传中有这样的陈述："和我同在这一实验室的有位印度学生，他比我早来，工作很好，3年期满，他自动提出申请答辩，不知何故被教授拒绝了。印度同学受此打击，以致伏在实验桌上哭泣。我认为这是欺侮殖民地人（那时英国人对殖民地人在有意无意中有此意识），那时我即意识到我国也处于半殖民地地位。此事触动了我的自尊心，我暗下决心，不拿殖民者的学位。"虽然没有得到学位，但伦敦大学仍授予他"福斯特奖"，以示奖励。

　　比他小十岁的弟弟钱令希，同样走了一条出国留学的道路。钱令希在9岁之时被送入附近梅村镇上的县立第四高等小学就读。兄弟俩异校求学是父亲钱伯圭的特意安排，意在让他们感受不同的学风。

　　那时，钱令希还不是他的名字。父亲为他取名临熹，他却始终写不好自己的名字。倒是启蒙老师有办法，取其谐音改为令希。

1927年，11岁的钱令希来到苏州，进入刚建校的苏州省立中学初中部学习。1928年暑假，正在上海大同大学读书的哥哥钱临照回家，带来了上海中法国立工学院高中部招生的消息。可是，此时的钱令希初中课程尚未毕业。在哥哥的帮助下，经过100天的努力，钱令希一举考中，进入中法国立工学院高中部学习。这是一所由中法两国政府在原德国人创建的同济德文医工学堂的基础上改组成立的学校，高中和大学各四年，学生的淘汰率很高。然而，钱令希以优异的学习成绩在第四年直升大学土木科。当时，这所大学按照法国习惯，不呼学生姓名，只叫学号。"800"号的钱令希一路顺风，年年都考第一名。这段经历，钱令希后来经常作为体会来向学生作介绍。他说："学习如同钉螺丝钉，开头要锤几下，搞正方向，把基础打牢，后来拧起来就顺利了。如果开头钉得歪歪扭扭，拧起来必然困难。"

1936年，钱令希以土木科第一名的成绩，从中法国立工学院毕业，并通过中比庚款委员会的选拔，被保送到比利时的布鲁塞尔自由大学留学。两年期满，钱令希获得了"最优等工程师"称号。

二

　　1937年春末，31岁的钱临照离开英国伦敦，转赴德国柏林，计划继续进行晶体范性形变的研究工作。不料，国内发生七七事变，日本全面侵华战争爆发。当时老师严济慈适在巴黎访问，去电要求钱临照立即返回国内。钱临照没有犹豫，马上转往法国马赛港购船票返国。历经两个月的旅途颠簸，终于回到阔别已久的无锡老家。在家稍事休整，钱临照即奔赴北平，受严济慈之托准备将北平研究院物理研究所的仪器设备运至云南昆明。

　　此时的北平已经陷于敌手，兵荒马乱。钱临照与两

钱临照（后排左一）与严济慈（前排右一）等人合影

三位年轻的同事,偷偷地托人在离日寇军事据点仅一箭之遥的地方打造了五六十个大小不一的木箱,小心装进仪器设备和文献资料。接着,他又出钱找了一家外国运输公司,用两辆大卡车装下这五六十个木箱,有惊无险地通过了日军把守的城门,在天津塘沽港装船南下。

抗战期间,内迁的北平研究院物理研究所先借址昆明城内黄公东街,后迁到昆明北郊黑龙潭的一处寺庙。为支持抗战,钱临照与同事们因陋就简,手磨玻璃制造比较简单的步兵用的五角测距仪,用于在战地观测敌方目标的距离,后制造建筑用水平仪和供战地医院及教学用的显微镜。此外,受中央水利实验处及滇缅公路工程局等机关委托制造各类测量仪器100余套;为资源委员会制造缩微胶片放大显映器50余具。在制造1000倍的光学显微镜时,为满足对物镜曲率半径的高精度测试要求,钱临照与同事们对一台普通的光谱仪略加改装,设计制作了毫米级曲率半径球径仪。新中国成立后,钱临照这一测微球径仪的设计,仍为许多光学仪器厂所采用。

抗战时期,军用无线电收发报机日益增多,各电台互相干扰现象越来越严重,迫切需要优良品质的无线电稳频器。钱临照与同事们亲自动手磨制了1000余片各种厚度的优质水晶振荡片,供应军事机构使用,以稳定收发报机的频率。在艰辛的日子里,钱临照首创了特外曼-格林干涉仪研究光谱精细结构的方法，写了3篇论文，分别发表在中国《物理学报》、美国《物理学报》和英国《自然》杂志上。1939年，在昆明中国物理学会学术报告会上，钱临照作了题为《晶体的范性与位错理论》的报告，这是位错理论在中国的首次公开介绍。

钱临照年幼时深受钱穆治历史重考据的影响，从小喜读文史书籍。一次，他无意中得到古籍《墨经》一书，见到书中有不少记载与现代科学知识相通。钱临照用现代自然科学的观点对《墨经》的光学和力学成就进行了系统的发掘整理，撰写了《释〈墨经〉中之光学、力学诸条》一文。这项研究开现代墨学研究之先河，被公认为中国科学史研究的经典之作。1943年，英国学者李约瑟博士来华，由缅甸入昆明。钱临照向他介绍了《墨经》，李约瑟对公元前4世纪中国学者对自然科学的认识惊叹不已，并在他以后所著的17册巨著《中国科学技术史》中多次引用钱临照的观点。

抗战期间，钱临照与母亲、妻子和三个孩子一直居住在昆明。他们先是租住在一间回族农民土楼的二层阁楼上，楼下养牛、马等牲畜，上下楼只是靠一架木梯子；且楼上楼下仅隔一层有缝的地板，楼下牲畜的气味直冲上楼，令人生厌。后来，一家又搬迁至黑龙潭庙里的一座偏殿，用竹篱与神像相隔。人神分住，各据一方。1942年，全家又搬往北平研究院史学研究所，租住在落索坡的一家小院。钱临照回忆:"这段时光是我在昆明八年居住条件最好,生活上最安定,也是最体现天伦之乐的时期:每日大儿去龙头镇云南大学附中上学,晚上孩子们睡了,老母以摸纸牌为戏,妻子利用闲时以绣花补贴家用,我则伏案看书写文章。三人围坐在一盏小油灯下,对于经历了战乱、尝过颠沛流离之苦的我们来说,也算是一种享受了。"

在全面抗战爆发的第二年,也就是1938年,他在昆明还见到了朝思暮想的弟弟。原来,这一年,钱令希在比利时顺利修满了两年学业,从法国的马赛港乘船返回祖国。由于国内沿海口岸均有战事,他只能从越南海防登陆,然后经滇越铁路,到达抗日战争的大后方——云南昆明。

当时,重庆是中国的临时首都。政府计划修建一条从四川叙府(今宜宾)直达云南昆明的铁路,再从昆明打通滇缅铁路,以期为抗战打开一条争取外援的国际通道。钱令希被叙昆铁路局录取"试用"。那年冬天,钱令希和一位老工程师一起,在人烟稀少的西南边陲翻山越岭,风餐露宿,在86公里的线路上,为上百个大小桥梁、涵洞定位定型。抗战期间,物资奇缺,钢轨、水泥也少得可怜。钱令希把古人一千多年前建赵州桥时用的石拱桥原理,和自己所学的知识运用在一起,用当地的红土当水泥,用石头替代钢筋混凝土,设计了好多座涵洞和拱桥。

此后,钱令希先后在川滇铁路公司、云南大学和交通部桥梁设计工程处工作,从事铁路、桥梁的勘察和设计。1943年11月,钱令希应邀到内迁遵义的浙江大学任教。当时浙江大学非常有名,素有"东方剑桥"之称。从此,钱令希开始了他栽桃育李的教师生涯。

那时,在云南边陲澜沧江上,我国第一座现代化悬索桥正在建设。这种悬索桥的跨度非常大,但是桥的跨度一大,挠度就比较大,用当时的弹性小挠度理论计算便不够准确,要用非线性挠度理论计算。在没有电子计算机的时代,工程技术人员的计算显得力不从心。

钱令希知道这一情况后,下决心破解这一难题,于是他把上课之外的一切时间都用到了研究之中。当时钱令希的居住条件很简陋,一个面积不大的房间里,放上床,再摆上写字台,基本就没有什么空闲的地方了。时值夏季,房间里一丝风都没有,奇热无比。为了尽快攻克难关,钱令希经常光着膀子、背上搭块浸了水的毛巾坚持工作。实在热极了,就跑到厕所里接一盆凉水冲个凉,回来再继续研究。就这样,经过近半年的不懈努力,他终于有了两点重要发现:一是非线性因素对悬索水平拉力的数值固然有影响,但是对其在桥梁活载下的变化规律却影响极小;二是非线性因素对加筋梁的影响可以用一个柔度系数来表征,而这个系数在给定的恒载与活载比例下是相对稳定的。这两个力学性质的发现大大简化了非线性分析，钱令希由此推演出了一套完全是显式的计算公式和便于工程实用的曲线，使设计者仅用计算尺便能在几个小时内完成一个设计方案的近似非线性分析，从而解决了推广中的难题。以此为内容撰写的论文《悬索桥近似分析》，是钱令希平生第一篇比较有分量的论文，经当时内迁重庆的北平图书馆推荐，在美国《土木工程学报》发表。1951年，这篇论文获得了美国土木工程学会结构力学的"莫采夫（Moiseff）奖"。但是当时抗美援朝战争正酣，钱令希写信拒绝了领奖。钱令希同期还撰写了《关于梁与拱的函数分布与感应》论文，1946年获得政府颁发的科学奖。

那时，他才刚过30岁，开始步入力学研究的神圣殿堂。

三

1945年8月15日傍晚，从附近驻军那里传来消息："日本鬼子投降了！"人们奔走相告，一时间落索坡小村子里沸腾起来了。钱临照不禁高声吟起杜甫的《闻官军收河南河北》中的名句："剑外忽传收蓟北，初闻涕泪满衣裳。却看妻子愁何在，漫卷诗书喜欲狂。"

抗战胜利后，钱临照回到北平。1947年，他又去往南京，应聘进入中央研究院物理研究所，继续留学期间所进行的金属范性形变的研究。在此期间，他认为研究晶体在形变的最初阶段——微范性可能获得有意义的信息，为此设计制作了一架用光学机械探测并放大的高灵敏度微拉伸计，从而成功研究了铝、锡等晶体的微范性。

1948年底，南京政府准备迁离大陆逃往台湾，中央研究院也奉命搬迁。身为代理总干事，钱临照在物理研究所搬迁问题上采取了"无为"的态度："愿意留下来的人，我帮他留；愿意走的人，我帮他走。"后来，物理研究所留在了大陆，而他本人则在往返大陆与台湾之间也选择了留下。

1949年11月，中国科学院成立，以中央研究院物理研究所和北平研究院为基础在北京分设近代物理所和应用物理所，钱临照成为应用物理所（中国科学院物理研究所的前身）的研究员，从事金属物理研究工作。

由于受苏联学术观点的影响，位错理论被拒之门外。1959年，钱临照率先在中国科学院物理研究所内讲授和讨论这个理论，打破了这一禁忌，并联络他人发起召开两次全国性的晶体缺陷和金属强度讨论会。他与合作者写了10万字的《晶体中位错理论的基础》，促进了位错理论这个国际公认的学说在中国的建立和传播。

我国的电子显微学研究工作起步较晚。中华人民共和国成立不久,一次偶然的机会,钱临照发现了一台被国民党遗弃的、未开箱的英国电子显微镜。历来这种

钱临照在工作

高精密的大型设备都是由厂方派专家来安装调试的。钱临照在一无安装资料、二无工作经验的情况下,摸索安装,试了又试,硬是让电子显微镜运转起来了。钱临照与合作者利用这台电镜进行了铝单晶滑移带精细结构的观察,并以此论文参加了1956年在日本东京召开的第一届太平洋地区电子显微镜会议。这是新中国第一篇向西方国家报告的学术论文。

1960年,中国科学院物理研究所金属物理室调整到沈阳加入金属研究所,钱临照调到新成立的中国科学技术大学任教,为学生讲授普通物理、光学和理论力学等基础课程。谁知在讲台上这一站,他就站了一辈子。那时的科大名师云集,严济慈、吴有训、赵忠尧、施汝为、华罗庚、郭永怀、钱学森等纷纷在这个崭新的校园里执掌教鞭,登台授课。

1969年底，为了贯彻中央有关"高校战备疏散"的指导方针，科大师生开始撤离北京，奔赴安徽，几经周折，最后在合肥扎根。当时的钱临照已经年过六旬，留在北京完全可以享有相对优越的生活，但是他却还是坚持选择追随科大来到合肥。当时，随学校南迁的院士只有两位，钱临照就是其中之一。

可是，谁都没有想到，毅然追随科大南迁合肥的钱临照，得到的不是鲜花和掌声，而是接连而至的打击。到达合肥的第8天，钱临照就被下放到淮南谢三煤矿劳动5个月，被当作"资产阶级反动学术权威"接受再教育。而恰在那段时期，钱临照的儿子不幸患上硅肺，并终生受此折磨。钱临照当时处境之艰难可想而知。然而，这段痛苦的时期，在后来却被钱临照一笑置之。

1972年，学校复课，钱临照重新走上讲台。当时，他已经66岁了。钱临照对于课堂教学非常重视，总是善于将深邃复杂的物理问题用启发式的分析来教授，使学生顿有彻悟之感。据钱临照的学生、后来也在科大任教的阮耀钟回忆，当时钱临照"面对一二百学生讲授大课，声音洪亮，思路清晰，引人入胜"。钱临照的儿子也曾听过课，回忆："记得父亲在讲'分析力学'的引言中，他先举例说明牛顿运动定律以质点为对象处理问题时，如果质点数增大则会带来怎样的困难，然后又指出解决这一困难的途径，并指出这一途径中应体现的两个原则，这就是新的处理力学问题的分析力学。"钱临照特别推崇恩师严济慈"讲课是一种科学演说，教书是一门表演艺术"的观点，身体力行，引导学生步入探索科学奥秘的意境。有一次他在讲授转动惯量时，亲自坐上旋转凳做演示，课堂气氛一下子活跃起来。他的儿子也曾回忆："记得我最早上的一堂'实验课'，那是我三岁时的一个晚上，父亲招呼我们三个孩子到漆黑的房间内，他快速地梳着头发……呀！黑暗中蓝色的火花点点闪现，还伴随着噼啪的声响，真是奇妙极了！父亲还给我们演示了他留学英国时带回的陀螺，令其转动后，竟能在一根水平的细绳上旋转着来回滑动，而不'摔'下来——我幼小的心灵感受到因不能理解而带来的美妙！就这样，父亲开启了我们探求奇妙世界的心灵之窗。"

授课之精彩，源自治学之认真。钱临照最初给学生上课的一个月里，大部分学生都反映听不懂。于是，他就用全部休息时间跟教师们一起研究，到学生中征求意见，反复研究高中和大学物理教材。当他知道这些学生原来没有学过高等数学，而课堂上讲的那些物理运算需要运用高等数学知识才能理解时，他干脆连数学一并讲了，只为让学生能够听懂。

1982年，学生阮耀钟从美国回到科大任教。他在一篇回忆文章中说："我几乎把能找到的热学参考书都看了,尤其是重点和难点更下功夫,学钱先生的办法,每次上课前都试讲,甚至不止试讲一次,试讲两三次。"可见钱临照的治学精神,对学生影响之深远。

钱临照十分重视实验在物理教学中的作用。正如他所说:"物理学的基础是实验,但搞实验的人也不能轻视理论的重要性。"他以人用两条腿走路为喻,生动而贴切地阐述了理论与实验的关系。理论与实验,"犹如人走路,左腿或右腿先迈开一步,另一条腿随后跟上,这样人就一步一步地前进了。不注意理论而去做实验,有时遇到有意义的现象可以视而不见,让它溜跑了;不重视实验而去搞理论,有时只是瞎忙一阵,到头来劳而无功"。

钱临照在工作

1978年,72岁的钱临照出任中国科大副校长。他亲自主持制定全校的物理教学计划,带领师生在短期内创建了固体微结构研究室、电子显微镜实验室和高压实验室等。他还全力支持筹建科大天体物理中心,力主创建结构成分分析中心实验室。1994年，88岁高龄的钱临照与中国科学院院士唐孝威共同发起，并联合其他34位院士联名向国家有关部门提出，大力推动中国科大国家同步辐射实验室的建设。如今，国家同步辐射实验室已经成为中国科大耀眼的标签，成了全体科大人的骄傲。

1998年9月，严济慈铜像在科大西校区落成。钱临照在学生胡升华的陪同下，乘车去给恩师铜像献花。接着又乘车驶出校园，绕一圈看一看合肥市容。胡升华后来回忆称："这应是钱老最后一次巡视他生活了近40年的城市。"

钱临照的后半生，始终与科大不离不弃。科大成了他的家，合肥也成了他的家。

四

安徽合肥与辽宁大连，相距1700多公里，这成了钱临照、钱令希兄弟后半生在地理上的距离。一南一北，兄弟俩在不同领域各自努力，为我国的科教事业做贡献。

1950年，钱令希担任浙江大学土木系主任。这一年，钱令希在《中国科学》第一、二期上发表论文《余能理论》，开启了中国力学工作者对余能原理的研究。

余能理论，由德国学者恩格赛（Engesser）于1889年提出，但是在很长时间内无人给予证明。钱令希在论文中论证了余能的变分不仅可以表达结构的变形协调，并且不受物体虎克定律的限制，从而为非线性问题提供了一个有力的能量变分原理。文中还证明了直梁在纯弯曲情况下，一个平截面仍然为一个平截面，不论材料是弹性的还是塑性的。长期以来，这本是梁的工程理论中的一个假设，钱令希用余能理论简明地给予了证明。

除了这一得意的"作品"，钱令希还收获了另外两个得意的"作品"，那就是他的弟子胡海昌和潘家铮。

早在 20 世纪 40 年代末，钱令希就在浙江大学土木系开了"高等结构力学"的选修课。听课的学生只有两人，正是胡海昌和潘家铮。钱令希完成《余能原理》的初稿后，将油印的小册子馈赠给胡海昌，激励学生以能量理论为核心，专心研究弹性力学。胡海昌在 1954 年果真提出了三类变量变分原理，为力学界一项很重要的基本原理奠定了基础。这项成果在国际上与日本科学家的研究成果，一起并称为"胡－鹫津"变分原理，胡氏也成为国际力学界举足轻重的大师级人物。

潘家铮考入浙大后，父亲去世，母亲重病，哥哥和姨母都患有精神疾病。大二的时候，又因为代人补考，被处以留校察看，剥夺了公费和工读的权利。他本打算就此休学，做一名普通的老师。钱令希得知这个消息后，劝阻了潘家铮，从自己微薄的工资中挤出一些钱来，补贴给自己的学生，直至他毕业。

后来，这两位学生都成了两院院士。钱令希谦虚地说："在他们的业务领域里，都做出了比我强得多的成绩。"

这么好的学术与人文环境，就连钱令希自己也想不到，他会离开这里。

1951年的盛夏，浙江大学土木系来了位客人——大连工学院院长屈伯川。彼时大连工学院成立仅仅两年，是伴随着东北解放而创办的第一所正规大学。屈伯川千里迢迢来到杭州，发出邀请，希望钱令希到大连任教。屈伯川求贤若渴的精神感动了钱令希。1952年1月，35岁的钱令希从西子湖畔来到了渤海之滨，担任大连工学院教授和科学研究部主任。

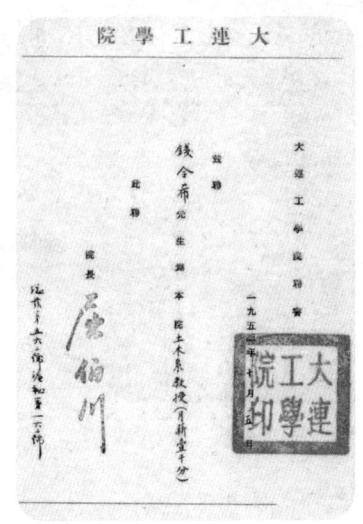

钱令希的大连工学院聘书

从此，这位学者从满头乌发到银发皓首，与这所大学同呼吸、共命运，一同走过了半个多世纪的风风雨雨。1979年，钱令希升任大连工学院副院长，1981年至1985年担任院长，后担任学校顾问。

1956年，从同济大学毕业的钟万勰进入了中国科学院力学研究所，师从钱伟长、胡海昌院士。"反右"开

中年钱令希

始时,钟万勰就遇到了麻烦。他"站错了队伍",对钱伟长所谓的"反党"问题"没有看出来",因而被下放到北京郊区劳动。正当别人对钟万勰避之不及、恐怕惹火烧身的时候,钱令希伸出温暖的手,把钟万勰拉到自己的身边。他坦诚地说:"这个年轻人,一头钻进科研里了,对党能有什么坏心眼儿?"

钟万勰调到大连工学院以后,正像钱令希期待的那样,茁壮地成长起来。钟万勰回忆:"(钱老师)将本来由他主教的结构力学课程交给了我,要我充分发挥作用。""(我)几乎每个周日都是钱家的客人。"犹如伯乐得千里马,师生两人的合作如鱼得水,研究工作取得节节进展。1963年,两人合作撰写的论文《论固体力学中的极限分析并建议一个一般变分原理》,在《力学学报》和《中国科学》上发表。20世纪60年代研究复杂壳体时,钟万勰是钱令希的助手;20世纪70年代开始开拓计算力学,钟万勰在钱令希的引导下成果累出,研制出了通用性相当强的大型组合结构分析程序JIGFEX;80年代初,两人又合作开发出了多单元、多工况、多约束的结构优化设计——DDDU系统。1981年,钱令希出任大连工学院院长不久，就把工程力学研究所所长的职务交给了钟万勰。钟万勰率团队成功开发出极有实用价值的程序系统和集成 SiPESC 程序平台，推动了计算力学在我国工程界的广泛应用。1993 年，钟万勰当选为中国科学院的院士，这是钱令希培养的第三位院士。

此外，邱大洪、杨锦宗、程耿东这三位院士都是钱令希的学生，钱令希也因此获得了"伯乐院士"的美誉。

"献身科教效春蚕，岂容华发待流年。翘首中华崛起日，更喜英才满人间。"这是钱令希 1978 年在参加全国科学大会期间写下的诗句。从这首诗里，看到了他对年轻一代的殷切期望和甘为人梯、鼓励后来人超过自己的期望。

在教书育人的同时，钱令希仍然潜心于学术研究。1954 年，国家决定修建武汉长江大桥。这是新中国成立后的第一项大型桥梁工程，也是古往今来长江上的第一座跨江大桥。当时大桥的建设部门专门邀请钱令希担任工程顾问，参与设计与施工。1957 年 10 月，武汉长江大桥顺利建成通车。毛泽东主席欣喜地吟出"一桥飞架南北，天堑变通途"的著名诗句。

此后的 1958 年，钱令希参加了南京长江大桥的规划工作，1959 年又参加了长江三峡水利枢纽的规划会议，提出了新型支墩坝型——梯形高坝的建议。这种坝型与以往的重力坝相比，最突出的优点是施工方便，混凝土工程可以采取大面积的平面模板，有利于大体积混凝土浇灌，投资也较节省。这一坝型后来被国内许多水电站工程采用。

五

20世纪60年代，我国核潜艇的研究遇到了壳体的强度、开孔和稳定性等技术难关。这是核潜艇的关键技术，能否突破，直接影响到潜艇能否在水底承受压力而不变形的问题。

1967年夏，在周恩来的亲自关照下，在乡下接受贫下中农再教育的钱令希，带着钟万勰、林家浩两名助手，回到了实验室，摊开图纸，开展相关的研究。整个夏天，他们废寝忘食，夜以继日，马不停蹄，挥汗奋战，在没有任何参考书和计算工具的情况下，硬是凭着脑子中记下的公式，进行公式推导，最终完成了题为《腰鼓形壳体的稳定性问题》的论文，并寄往北京核潜艇工程有关单位。

1974年，国家在鲇鱼湾启动建设大连新港，主要用于石油的集中出口。大连工学院承担了大连新港主体工程的设计任务。从岸上到达能够停泊将近20万吨巨轮的深水处，只有两个方案：一个是动用大量土方填埋，另一个是修建海上栈桥。显然，移山填海地造出港口，

1972年，钱令希在指导课题组部分成员

根本不现实，唯一的选择就是修建海上栈桥，通过用于承载通油通水的管道和一个车道，将陆地与一公里外的油码头连通起来。

钱令希带领着课题小组的青年教师，没日没夜地设计着最佳方案。然而，一个又一个方案都被否定了。想节省材料，就无法达到所规定的荷载；想达到荷载，又要消耗掉更多的钢材。那时，钱令希提出了"百米跨度空腹桁架全焊接钢栈桥"的建设方案，把所有的青年教师都惊呆了。依据这一方案，海里只需要9个桥墩，每个桥墩间距100米，其间建设全焊的抛物线上弦的空腹钢桁架，既节省钢材又美观大方，而且结构轻，可以降低在大海中施工的难度，缩短工期。这种桥形，以国际上的首创者比利时教授维冷第（Virendeel）命名，20世纪30年代曾在比利时风行一时，但是由于当时设计和施工经验不足，屡有事故发生。钱令希提出这个方案时，有些人劝他："这种桥形，国内无先例，国外也没有这么大的跨度，还出过不少事故，何必去冒这个风险？"钱令希认真总结了国外失败的教训，肯定这种桥形对于大连新港的海上栈桥是十分有利的。在这个方案中，钱令希把结构力学发挥得淋漓尽致。对于桥跨结构的全焊、百米、拱形、空腹桁架这四大特点，他都是深思熟虑并胸有成竹的。

然而，这毕竟是具体的工程，不仅仅是理论与数据，钢材的材质、焊接的材料、施工人员的素质，每一个细微之处，每一个环节的连接，都必须毫无差错，这一切的一切，都决定着设计的成败。为此，钱令希跑遍了大连十余家大型工厂，组织了优秀的焊接技工，集中了工厂技术人员和老工人的经验，制定了加工程序和海上架桥的方案。

1975年8月5日，海上栈桥开始吊装架设。安装这样的庞然大物，毕竟是第一

晚年钱令希在书房

次,大家都很紧张,就连钱令希也不例外。吊装的前几天,钱令希和设计组人员一起趴在图板上反复画图示范。按照事先的潮汐预测,吊装这一天的上午,正赶上天文大潮,趁着这个高水位,能减少很多组装的麻烦。头一天晚上,已经是花甲老人的钱令希一宿失眠,蹲在工地上与工人一起做准备工作。

第二天的安装,顺利得毫无悬念。一个月之后,九跨钢桥全部吊装完成,栈桥码头水上主体工程告捷。

这是一个国内尚无先例的成功的工程设计,整个工程仅用了不到一年的时间。栈桥建成之日,那全长近一公里的九跨拱形钢结构长桥飞架在碧海蓝天之间,雄伟壮观。

桥梁工程的设计与建设,是钱令希一生致力所在。在他的心中,结构工程代表了有形的、具象的桥,还有一个无形的、抽象的桥,那就是工程力学。他的研究,一直在结构工程和工程力学之间游走,既"运用力学解决工程问题",又"为了解决工程难题而研究力学方法"。在计算机时代到来之前,钱令希借助于自己独有的工程直觉,解决国家重大工程涉及的力学难题,从而也一次次地发展了工程力学;反过来,他比那些应用力学家更主动、更有兴趣关心工程实际,更瞄准工程难题的解决。

2009年4月20日,钱令希在大连走完了人生的最后一程;十年前,兄长钱临照已在合肥去世。两人享年都是93岁。

钱伟长：人生的完美力学

> 钱伟长（1912—2010），江苏无锡人。著名科学家，教育家，杰出的社会活动家，中国近代力学的奠基人之一。1955年被选聘为中国科学院学部委员，1956年当选为波兰科学院外籍院士。

"从义理到物理，从固体到流体，顺逆交替，委屈不曲，荣辱数变，老而弥坚，这就是他人生的完美力学！无名无利无悔，有情有义有祖国！"

这是钱伟长获得"感动中国"2010年度人物的颁奖词。今日，让我们共同缅怀这位一代科学大家。

擅长文史却硬闯物理学门槛

1912年10月9日，钱伟长出生于无锡县（今无锡市）鸿声里七房桥村的一个书香门第。祖父、父亲都以教书为生，生活极为清贫。钱伟长幼年时家中遭受火灾，房屋被毁,不得不搬至邻近的荡口居住。

钱伟长7岁时,父母送他入学读书,此后又跟随父亲辗转求学于乡村学校。尽管家境困难,但是这个家庭始终充溢着浓郁的文化气息。他回忆:"幼年平时生活虽然清苦,但每逢寒暑假,父亲和叔父们相继回家,就在琴棋书画的文化环境中受尽了华夏文化的陶冶。父亲和四叔陶醉于中国文化和历史,用薪资节省下来的钱购藏了《四部备要》和二十四史,以及欧美名著译本。每年夏天三天晒书和收书活动,我是最积极的参与者,从这些活动中,增长了我对祖国浩瀚文化的崇仰。""一到晚饭后,每天有一小时的音乐活动,父亲擅琵琶和笙,四叔擅箫,六叔好笛,八叔拉一手好二胡。他们合奏时,祖母、婶母和弟妹都围坐欣赏,并经常有邻居参加旁听。我听长了也能打碗击板随乐。这样的音乐活动,增加了我的节奏感。"

回忆中所提到的四叔,正是日后的一代国学大师钱穆。在父辈的四兄弟中,对钱伟长影响最大的莫过于四叔钱穆。晚年的钱伟长深情回忆:"跟着四叔读书几年,使我养成爱好读书的习惯。'少成若天性,习惯成自然。'养成良好的习惯于童蒙,终身受用。四叔除读书以外,便是练字。纸张贵,就在旧报纸上练字,字越写越好。我也跟着练字,画图画,我对文史方面的兴趣得益于四叔的熏陶和影响。"

二泉今犹映明月

高中时期的钱伟长

1928年，16岁的钱伟长从无锡县县立初中毕业，顺利考进了江南颇有名声的苏州中学。彼时，钱穆正在苏州中学任教。可是，就在进入苏州中学的第二年，父亲因病医治无效而离开人世。没有多久，一个弟弟和三个妹妹也因病相继夭亡。这给钱伟长在精神上、生活上都造成了创伤和影响，在叔父钱穆的帮助下他才得以完成中学的学业。

三年后的1931年，钱伟长从苏州中学毕业，但家庭的经济条件很难让他进高等学府深造。幸好，民族工商业者吴蕴初设立"清寒奖学金"，每年奖励资助12名成绩优秀的贫苦家庭的子弟进大学读书。钱伟长为了能争取到这一奖学金，参加了清华、中央、武汉、浙江、唐山交通五所大学的入学考试，结果五所大学都给他发出了录取通知书。此时，四叔钱穆在北京大学教书。钱伟长听从了叔父的建议，选择了清华大学。

不过，钱伟长的理科入学考试成绩相当糟糕，数、理、化和英文四门加在一起才考了25分，其中物理仅仅只有5分；与此形成鲜明对照的是，文史两科都是惊人的满分！为此，钱穆指导他入中国文学系或历史系。清华大学名师荟萃，仅文学院就有朱自清、闻一多、冯友兰、陈寅恪、雷海宗、俞平伯、杨树达等著名教授，并且气氛很轻松自由，学生可根据自己的爱好、特长选择科系，转系也比较自由。

命运的转折，就出现在钱伟长进入清华园的第三天，也就是1931年9月18日。这一天，九一八事变爆发，东三省沦陷。"要救国，就得学理工！"当时，106名清华新生中，有21人要求进物理系学习。钱伟长仿佛一夜之间转变想法，"科学救国"变成了第一选择，他提出了转学物理系的申请。

但是，钱穆并不支持钱伟长弃文学理。为了说服叔父，钱伟长选择"曲线救国"。他跑去找叔父的好友、史学大家顾颉刚帮忙。顾颉刚了解事情经过后，满口赞成："我们国家站不起来受人欺负，就因为科学落后。青年人有志于科学，我们应该支持。"钱穆在顾颉刚的劝说下同意了。

通过家庭这一关后，还有学校这一关。对于钱伟长的转学申请，物理系主任吴有训一口拒绝了。他认为，把一个文史如此出色而理科奇差的学生调入物理系，不但是对清华物理系的不负责任，也极不利于钱伟长的求学发展。但钱伟长不为所动，一连数天去找吴有训"讲道理"。不知道是被钱伟长磨烦了，还是被他的诚心所感动，半个月后的一天，吴有训终于点头了，但附加条件也让钱伟长压力很大：先在物理系学习一年，到了期末考试，普通化学、普通物理、高等数学三门课必须都达到70分，否则退回原系！

从5分到70分，谈何容易！没有捷径，不能退缩，只能背水一战。那一年，他除了吃饭睡觉，全部时间和精力都扑在物理和数学上。据当时清华的师生说，清华园起得最早、睡得最迟的有两个人，一个是后来成为数学大师的华罗庚，一个就是钱伟长。有些疑难问题别的同学也答不出，他就跑图书馆查资料，直到搞懂为止。吴有训也用心栽培，经常教他一些正确的学习方法，钱伟长的成绩迅速提高。第一学期结束时，他终于把物理考及格了；到学年结束时，他的数学、物理、化学、外语

1936年清华物理系师生在科技馆前的一张合影，四排左四为钱伟长，二排左五为吴有训，二排左三为叶企孙

等科目的考试成绩都追到 80 多分。他顺利留在了物理系,而和他一起转到物理系的其他四位同学则都没坚持下来。到大学毕业的时候,整个物理系只有八名学生顺利毕业,其中就有钱伟长。

晚年的钱伟长,这样回顾当初的选择:"我是受国耻纪念日对我的灵魂上的冲击长大的,因此最后我从学文改学物理,因为当时我认为没有强大的国力是不能对付帝国主义的……""在大学四年和研究院的两年中,大大提高了我对科学技术的认识,如饥似渴地追求着科学发展的国际轨迹,培养了阅读国际科技文献的爱好,对于数学、物理、化学各方面的新发展都精神奋发地去理解、去搜索。我至今难以忘怀,当时和同学为了一个新的问题争辩到半夜两三点钟。探索、思考的学习方法,让我终身受益……"

耀眼的"新星"

1941 年 5 月 11 日,世界力学权威、航空航天大师冯·卡门教授花甲寿诞,美国科学界特地出版了一部优秀科学论文集,以示庆贺和敬仰。论文集中共刊出了 24 篇论文,作者大多是二战时集合在北美的一批著名学者,包括公认为科学泰斗的爱因斯坦,其中只有一个作者名不见经传,令人感到十分陌生。他叫钱伟长,时年28岁，是加拿大多伦多大学的一位中国籍学生。

这篇他与导师辛格（Synge）合写的题为《弹性板壳的内禀理论》的论文，提出了板壳理论的非线性微分方程组。论文所揭示的理论和方程组，解决了物理界在板壳理论方面长期存在的混乱，是极具实用价值的一篇文献。

现代制造的各种器物中，有着各种各样的金属平板和金属壳体。各种器物在使用过程中要经受不同的载荷和撞击，在承受载荷时，如何保持这些金属体的平衡和稳定，这就需要工程师们在设计器物时进行精确的计算。火箭顶部是圆锥体、箭身是圆柱体；飞机的机头、机身、机翼、翼尾、壳体的开关是各不相同的；潜水艇身是椭球形的，艇内又为各种壳体所构成……工程师们在设计制造不同壳体的器物时，需要用不同的方程式来进行计算处理，甚至一种壳体就要用到两个以上不同学派的方程式，这就给工程师们带来了麻烦和烦恼。

钱伟长就在思考：能不能从中找出一个规律，形成一个统一的方程式来计算不同壳体以得到近似的数解呢？于是他以三维微元体平衡方程为出发点，引进三维应力应变关系，采用张量分析的方法，通过对板和各种不同壳体的繁复计算，终于找到了其中的规律，求得了近似解的三个平衡方程和三个协调方程。

导师辛格也正在研究这一课题，通过另一种方法，即从宏观出发,用内力素张量求得在外力作用下板壳的张量平衡方程,得到了与钱伟长同样的成果。于是,师生合作写出了《弹性板壳的内禀理论》这篇著名的科学论文。

第二年,也就是1942年,钱伟长获得博士学位,论文仍然以薄板薄壳统一内禀理论为内容,分三次连载在应用数学权威性杂志《应用数学》季刊上。这一著名的论文成为美国20世纪四五十年代应用力学研究生必读的材料之一,论文中提及的浅壳方程被力学界公认为"钱伟长方程"。后来的工程师们在制造器物时,对于任何形态的板壳体,只要利用钱伟长和他的导师辛格的弹

1956年9月钱伟长(后排左三)在比利时布鲁塞尔参加国际会议时的合影,前排左二为冯·卡门教授

性板壳的内禀理论的有关方程进行计算，就可以得出近似的数解，而不需要每设计一种形态的壳体去寻找这一壳体的方程式了。

当年的同学林家翘后来回忆起留学时光，对钱伟长印象最深的就是"聪明、努力"。"他的博士论文是一篇很有权威性的论文，题目是关于板壳理论的。钱伟长这个人非常聪明，板壳理论他原来不会，可是他在那儿很快就把这个学会了，掌握了，然后就做出来了。"20世纪70年代末，当时理性力学两大权威之一的爱林根（Eringen）到北京后特意去拜访钱伟长，他说小时候就是读了钱先生的博士论文才进入力学领域学习的。

1942年10月，钱伟长在多伦多大学博士毕业典礼后留影

1942年底，钱伟长离开多伦多，来到美国加州理工大学，转投冯·卡门的门下，在喷射推进研究所任研究员。他担任的主要课题是火箭的空气动力学计算设计、

火箭弹道计算研究、地球人造卫星的轨道计算研究等，也参加了火箭现场发射试验工作。根据试验结果，运用数学、空气动力学进行分析计算，他提出了导弹落点的独到见解，受到了冯·卡门的肯定和赞赏。同时，钱伟长在冯·卡门的指导下完成了变扭率的扭转和水轮机斜翼片的流动计算，以及超声速的锥流计算等重要的研究课题。

当时在人造卫星的研究之中，出现了这样的难题：人造卫星发射上天后，当它所载的燃料耗尽、星体失去动力后，将在惯性作用下继续飞行，但每绕地球飞行一圈，就将下落一段空间，直至下落到大气层烧毁。这每绕一圈下落的一段空间究竟是多少距离呢？钱伟长勇敢地承担了计算任务，经过夜以继日地苦思巧算，终于给出了结果。直到人类已经能够发射返回式卫星的今天，钱伟长的这一计算方法仍为航天界所运用。

冯·卡门对钱伟长越来越器重，提出要与之合作研究薄壁结构变扭的问题。他与钱伟长探讨了一个初步构想，然后要钱伟长独立进行研究。钱伟长只花了一个月时间就拿出了研究成果。当冯·卡门一页一页翻阅着钱伟长的稿纸时，他脸上露出了十分满意的笑容，只是在某些地方稍稍地作了一些点评，最后兴奋地表示，这是他一生所署名的弹性力学中最富有经典味道的论文，一切解方程的过程，充分体现了经典应用数学的完美和简括。这篇弹性力学的经典论文题为《变扭率的扭转》，发表在 1946 年美国《航空科学月刊》第 13 期上，又一次在力学界中引起了震动。

除了学术方面的成就之外，钱伟长最为人津津乐道的还有"救伦敦"的故事。那时，德国已研制成功了Ⅵ、Ⅶ火箭，伦敦受到了严重威胁。英国首相丘吉尔向美国紧急求援，白宫让航天航空科学家们拿出对策。在研究火箭、导弹飞行方面已取得独到见解的钱伟长提出了这样的办法：只要干扰火箭的飞行就会使它的落点发生偏差。这一对策在实战中果然取得了成效。

钱伟长在美国的两任导师辛格、冯·卡门，都是欧洲哥廷根学派的传人。钱伟长在《八十自述》中写道："哥廷根学派是应用数学的倡导者，他们都有很深的数学根底，有更好的对物理过程的理解，都强调对物理过程的本质的认识是主要的，但在数学方法上从不吝惜使用，力求其用在刀口上，要用得漂亮，用得朴素简洁。为了解决一个实际问题不惜跳进数学这个海洋来寻找最合适的工具，甚至于创造新工具。他们都警告我们，数学在应用数学者说来，只是求解实际问题的工具，不是问题本身。"哥廷根学派的主要特征是理论与实际、科学与技术、数学科学与应用科学的密切结合。钱伟长在他的科研工作和科研教学领导工作中，充分实现了这种结合。他在讨论科研选题时说："目光要远大一些，不要去搞那些没有应用背景的雕虫小技。"他现存的 168 篇学术论文，都有明显而重要的实际应用背景，大多为了解决当时实践需要且有一定理论难度的重大问题而作。

"我要回到祖国去"

1939 年 8 月，钱伟长顺利考取了第七届庚款留英公费生。不料，当他和同学们抵达香港准备前往英国时，第二次世界大战爆发了，留学计划也被迫延期。第二年夏，钱伟长等留学生乘坐邮轮，转赴加拿大的多伦多大学留学。在取得博士学位之后，他来到美国加州理工学院继续深造。

到了 1945 年，钱伟长在美国已经进入了第六个年头，他愈发思念留在国内的妻儿和家人。此时，祖国抗战胜利的消息传来，他的心化作了一枚"火箭"，立即飞向那养育过自己的土地。

1945 年冬天，钱伟长郑重地向冯·卡门提出了回国请求，却遭到了拒绝。冯·卡门不愿意放走这个精明强干的助手，并再三劝慰他留在美国工作，为人类航天事业做出贡献。这可怎么办？思索再三，钱伟长再一次找到了冯·卡门，用一种恳求的语气对他说："我出国已经六年。我很想念自己的妻子和从未见过面的孩子，请给我一个探亲假吧。"极重情感的冯·卡门终于同意了钱伟长短期回国探亲的请求。

1946年5月,钱伟长从洛杉矶搭货轮返回上海。他名义上为回国探亲,实际上却已做好一去不复返的准备。他知道,由于在科研中接触了大量军事机密,美方不可能随便地放他回国。为此,他决定轻装简从,将大量书籍、资料留在办公室,还在住所预付了半年房租,就连刚刚晋级的薪水也没有去领取,为的就是制造短期回国探亲的假象。

经过20多天的航行,钱伟长终于踏上了祖国的土地,也见到了出生后从未谋面、已经6岁的儿子。

钱伟长说:"我姓钱,却不代表我就喜欢钱。1946年回国的时候,美国给我的年薪是8万美金。我在他们那里工作,却坚决回来了。""老实说,我在国外的生活是非常舒适的,我领导了庞大的工程师队伍,就是做'洋官'的人,当然我是'技术官',可我不稀罕这个,我当时是为美国做事,做出来的导弹火箭都是美国用的,我干吗?我要回来就回来……"

这是钱伟长一生中第二次重大的选择,原因和九一八事变后"弃文从理"是一样的两个字:爱国!

正如晚年钱伟长对自己的评价那样:"回顾我这一辈子,归根到底,我是一个爱国主义者。"

回到祖国的钱伟长,在母校清华大学机械工程系当了一名普通的教授。不过,此时国共内战正酣,物价飞涨,生活的困难令他失望。为了维持生计,他只得在北京大学和燕京大学兼课。在极为困难的时候,他不得不向单身同事、老同学借贷度日。

钱伟长深情地回忆:"1948年钱学森从美国回来了,他是回来结婚的。他来看我,看我很可怜。那时工资是15万金圆券,只能买一个暖瓶,叫我怎么过日子?回国之前,我在美国的年收入是8万美金。"

1948年的时候,年收入8万美金就算在美国也是顶尖的了。当时,美国总统的年薪只有7.5万美元,通用汽车公司高管的平均年薪也只有5万多美元,而华罗庚在美国时,年薪据说也只有约1万美元。

后来,友人捎信给钱伟长,告知美国加州理工学院喷射推进研究所工作进展较快,希望他回该所复职,携全家去定居并给予优厚待遇。此时,艰苦的处境让他的生活与科研都面临极大的困难,于是,他到美国领事馆申办签证。然而,到了美国领事馆,因为一个小小的问题,事情又发生了逆转。原来,申请表最后一栏是这样的一个问题:"若中美交战,你是否忠于美国?"钱伟长毅然填上了"No",最后以拒绝赴美了事。

"我说当然忠于中国了,我是中国人,我不能忠于美国人。我就填了一个No,我绝不卖国。结果就因为这个,他不让我去了。""这一点是没商量的,我是忠于我的祖

1956年任清华大学副校长时的钱伟长

国的。"钱伟长反复强调。

1952年,全国高校实行院系调整,钱伟长被任命为纯工科的清华大学教务长。1955年,钱伟长被选聘为中国科学院学部委员。1956年,钱伟长又被任命为清华大学副校长,仍兼教务长和力学教授,并兼任中国科学院数学研究所力学研究室主任、力学研究所副所长等。

钱伟长说:"一个科学家如果不进行科学研究,那么,他的科学生命也就停止了。"冯·卡门曾经就圆薄板的大挠度问题,提出建立一种工程师们都能运用的解法的课题,钱伟长回国后与学生叶开源等人就此进行了持续的研究,并于1954年写成了《弹性圆薄板大挠度问题》一书,在国际上第一次成功运用系统摄动法处理了非线性方程。这种用系统摄动法处理非线性方程的解法称为"钱伟长法",被力学界公认为最经典、最接近实际而又最简单的解法。这一成果在第二年获得了国家科学奖。钱伟长还与叶开源合著了《弹性力学》,该书1956年出版后,旋即成为高等院校的力学教科书或主要参考书籍。

1954年至1956年间,钱伟长还参与了由周恩来总理亲自领导的制定自然科学十二年规划的工作。正是在此期间,他与钱学森、钱三强一起,被周恩来称为中国科技界的"三钱"。他们三人建议紧急研究原子能、导弹、电子计算机、半导体、无线电通信和自动化技术六个项目,并得到了周恩来的支持。有学者回忆:"他(钱伟长)的计划中间,只有五项是关于学科的,一个是原子能,一个是导弹,一个是航天,一个是自动化,还有一个是计算机和自动控制。这个提出来以后,这边400多位老先生都不同意,说我的数学、我的物理到哪儿去了?只有两个人支持他,一个是钱三强,他是搞原子弹的;一个是钱学森,他是搞航天的。他们两个人帮着谈判,吵了一年多,最后周总理说,'三钱'说的是对的,我们国家需要这个。这就是'三钱'说法的由来。"

钱伟长当年在加州理工学院喷射推进实验室工作时,与钱学森是同事。除了他们以外,一同从事研究的还有他的留加同学郭永怀、林家翘,还有一些中国学者包括周培源、傅承义、孟昭英、胡宁等人在这一时期也先后来到加州理工学院。钱伟长在《八十自述》中回忆说:"(他们)朝夕相处,世界大事、国事、学术、音乐、艺术,无所不谈,无所不议。但怀念祖国、怀念同学、怀念亲人,还是最主要的内容。"巧的是,"三钱"其实同出一门,都是五代吴越王钱镠的后裔。

噩梦醒来是早晨

正当钱伟长雄心勃勃地攀登新高峰的时候,一场苦难落到了他的头上。

1957年1月31日,钱伟长在《人民日报》上发表《高等工业学校的培养目标问题》一文,对当时清华大学照搬苏联模式的教学思想提出了意见,主张"理工合校""教授执校""专业不宜分得过专过细"等。但是这些主张与清华园内外的时潮相悖,并引发了一场历时三个月的大辩论。最终他被打成了"右派",不仅撤销一切职务,停止一切工作,仅保留教授职称,且从一级降为三级,而且他的家庭也遭牵连,儿子元凯尽管成绩优秀,也与大学无缘。钱伟长回忆道:"生活用具和衣服棉被,或被抄走,或被征用。在近半年的时期,夫妻都被分别'隔离审查'或'群众专政',靠两个在中学里当'狗崽子'的女儿在监视之下送饭度日。在最艰难的时刻,靠着亲人们相互关怀,聊以度日。"

在这样的境遇下,钱伟长并没有放弃自己的科学研究。他什么领域都去研究,在什么领域研究都有收获,于是有人戏称他为"万能科学家"。对此,他说:"祖国的需要就是我的专业。"从被打成"右派"到1966年的九年间,这位被困在清华园里的科学家如苦行僧般地完成了300多项研究成果。如:完成了国防部委托的潜艇龙骨计算、穿甲试验、防火结构研究；为地质部提供了关于测量地应力的咨询；为北京十大建筑在设计时进行结构承应力的计算，等等。

"文革"开始以后，钱伟长遭到了更大的厄运，白天被批斗，晚上一家人挤在一间狭小的房间里，书籍资料大部分被毁。在昏暗的灯光下，他坐在用劫存下来的书籍叠成的座凳上，忍受着精神和肉体皆被折磨的痛苦，运用他那谁也掠夺不了的智慧大脑，进行着思考和研究。

1968年，钱伟长被发往首都特殊钢厂劳动"改造"。这时他已是56岁的年龄了，一直与书本、笔墨、计算机打交道的学者，又经历了十年的磨难，身体状况较差，却要拿起50多公斤重的铁钎，在炼钢炉前劳动。这位在困难面前从不低头的科学家，咬紧牙关挺下来了，并且还帮助工厂设计制造了800吨的水压机，并革新了多种工艺、技术，从而博得了工人们的尊敬。

1971年，钱伟长被调回清华大学，研制国防上需要的大电流高能量电池。他并不熟悉这方面的技术，只得从头学起，不仅阅读了大量的有关书籍，还翻译了300多万字的国外资料。经过近三年的努力，终于研制出多项指标超过国际水平的锌-空气电池。这种电池的体积、重量与普通电池相等，其能量却高达普通电池的8倍以上。

不过，学术论文因为人为因素而不能发表，给他造成了精神上的痛苦。1964年，他写就《关于弹性力学的广义变分原理及其在板壳问题上的运用》论文，不仅将弹性力学中有关变分原理的研究向前推进了一步，而且有着相当的实用价值。此篇论文投递给《力学学报》之后，却因当时他的身份问题而不予发表。四年后，日本学者鹫津久一郎在美国出版的《弹塑性力学中的变分原理》表达了相似的论点。如果当年《力学学报》不是由于政治原因而拒绝发表钱伟长论文的话，这项在国际力学界处于领先地位的成果应当是属于中国人的。

改革开放后，科学的"春天"终于到来。获得"新生"的钱伟长又满怀热情地投入了一生钟爱的研究事业。他把广义变分原理应用到力学的多个方面，从而获得了1982年国家自然科学奖。他的《以广义变分原理为基础的非协调薄板有限元》一文被收入美国1984年《应用力学进展》一书，被认为是对应用力学的一项重要贡献。

值得一提的是，钱伟长虽为力学、应用数学的专家，同时也在国学、文字学领域有着广博的知识。在信息技术方面，他思考着如何克服汉字输入计算机的困难。他采用以汉字的宏观字形编码的方式，把形状相似、相近的字形归为151种部件，定义在39个键位上。他的这一编码方式被称为"钱码",在1986年全国第一届汉字输入方案评测会上,"钱码"被评为A类方案。钱伟长的这一成果,为我国中文信息处理技术的开创做出了有益的探索。

上海的梦想

1983年初春,天气略带寒意。但年过古稀的钱伟长的心里,却涌动起一股久违的激情。

这一年,钱伟长离开了任教38年的清华大学,调到上海工业大学担任校长。此前,上海交通大学也提出了请求,希望钱伟长去担任副校长,但是钱伟长最终选择了名不见经传的上海工业大学。从此,科学家钱伟长正式转身为教育家钱伟长。

钱伟长来到上海,怀揣着一个梦。他希望在中国办一所"普林斯顿"加"加州理工大学"的一流大学。那么,究竟什么样的学校才算是一流大学呢?钱伟长的回答依然言简意赅:能解决上海的问题,就是国内一流;能解决中国的问题,就是世界一流。他说:"一讲到理论物理、数学,就想到普林斯顿;一讲到航天、原子能就想到加州理工大学。我希望有一天,一提到某个学科领域,就想到我们上海大学。我相信,只要大家齐心协力,共同奔向这个目标,就一定能实现这一宏伟蓝图。"

溯其根源,他的这个"野心"早已有之。早在1957年,他就发表了《高等工业学校的培养目标问题》的文章。可惜这篇文章在当时遭到了严厉批判:"他的野心是想在中国办一个像加州理工学院那样的学校","他传播这个资本主义学校制度,并在全国范围内活动,是一种对人民对党的反叛行为"。

1994年5月,上海工业大学、上海科学技术大学、上海科技高等专科学校和原上海大学合并,定名为上海大学。年逾八旬的钱伟长担任合并后的上海大学校长。

钱伟长一生有过二三十个头衔,从全国政协副主席、民盟中央名誉主席到诸多社会团体名誉职务,但他

2000年5月,钱伟长在上海大学伏案工作

生前最在乎的就是这个校长职务。直至2010年7月30日去世，他在担任上海大学校长的27年间，为学校的发展、学生的培养殚精竭虑，呕心沥血。

学生，在他的心目中占有最重的分量。在他看来，每一个学生，"首先应该是一个全面的人，是一个爱国者，一个辩证唯物主义者，一个有文化艺术修养、道德品质高尚、心灵美好的人；其次才是一个拥有学科、专业知识的人，一个未来的工程师、专门家"。为此，他说："我一向主张大学教育宜宽不宜窄，不能把专业看得太重。过早专业化的结果常常是'教师教什么学生懂什么'。而社会需要能带着满脑子的问题从大学走出来的人，需要有创造性而不是模仿性的人。"他倡导"三制"（学分制、选课制和三学期制），为学生制定最自由的学习制度；他要求教师必须教学、科研双肩挑，引导学生进入"问号"境界，锻炼学生自主获取知识的能力；他倡导学术自由、学习自主的治校、治教精神，创立了拆除学校与社会之间、学科与学科之间、教学与科研之间、教与学之间"四堵墙"的核心教育思想。

四校合并，百业待举。最初阻碍学校发展的最大障碍就是老校区过于分散，且每个校区的基础设施都很落后，因此必须尽快建设一个新校区，解决集中办学的问题。上海大学新校区工程于1998年在上海宝山区破土动工，1999年9月完成一期工程，正式启用，2001年新校区工程整体竣工。一个占地1500亩、校舍总面积42万平方米、总投资超过14亿元的崭新的现代化大学校园拔地而起。

大到校园整体布局，小到楼宇走廊多宽、男女生厕所如何比配……钱伟长一一提出具体意见，几乎每一条意见都附有详细的说明。一字一句，力透纸背，老人的缜密心思和对学生的人文关怀跃然于字里行间。

在上海大学，有一个钱伟长很喜欢的地方，就是泮池。这是个有着80亩水面的人工湖，是钱伟长规划设想的。湖里养了很多鱼，还引进了天鹅、鸳鸯放养在湖内。师生们在工间课余，徜徉湖边，观鱼赏禽，一派人与自然和谐相处的美好景象。挚友费孝通专门为此绝佳景观题字："泮池观鱼"。

在钱伟长生命最后的两三年里，人们已经很少看见他出现在学校的公众场合，但在天气比较好的日子，师生们也不时能看到他出现在泮池畔，戴着那顶大家很熟悉的浅色软檐帽，穿着那件大家很熟悉的枣红色夹克衫，端坐在轮椅上，凝视着湖面，沉醉在遐想中。这时候，云淡风轻，花影闲照，天鹅、鸳鸯在水面轻轻地游弋，锦鲤在水下悠悠地潜行，湖面泛起小小的涟漪，湖边的杨柳依依地和它们亲昵，一切都显得那么宁静。

此时此刻,老人似乎把自己的整个身心都融化进这所学校,进入了忘我的境地。

唐敖庆：无问西东，南渡北上

> 唐敖庆（1915—2008），江苏宜兴人。物理化学家，中国现代理论化学的开拓者和奠基人，被誉为"中国量子化学之父"。1955年被选聘为中国科学院学部委员。

"无问西东"一词，取自1924年清华大学的校歌。这首校歌，为清华的发展奠定了崇高的格局。校歌所言"大同爰跻，祖国以光"，表达了对国家和整个人类社会的一种美好希冀和坚定信念。"祖国以光"可以解读为实现中华民族伟大复兴，"大同爰跻"实际上可以说就是世界大同问题。

从21岁离开家乡考入北京大学，到85岁因病去世，唐敖庆60余年的人生足迹，可以用"无问西东，南渡北上"来概括。

南渡

1915年11月18日，唐敖庆出生在江苏省宜兴县和桥镇的一个平民家庭。家里除了几亩薄田，还在镇上经营一家小店铺。由于父亲患肺病，考入镇上初中的唐敖庆每天放学后就赶回店中接待顾客，有时还得挑着沉重的担子到外地进货。店铺打烊后，唐敖庆才能在油灯下学习，直到深夜。因此，他的眼睛过早地患上深度近视。1931年夏，唐敖庆初中毕业。因家境困难，唐敖庆报考了无需学费且食宿免费的无锡第三师范学校。

1936年夏，从无锡三师毕业的唐敖庆，报考了北京大学、同济大学等大学，都收到了录取通知书。选择哪个学校、什么方向，唐敖庆颇费脑筋。这时，有人告诉他：北京大学的化学系很好，那里有一位曾昭抡教授当系主任，治学有方。唐敖庆在无锡三师就读时，也曾经在《大公报》上读过曾昭抡写的访日观感《东行日记》。这是篇连载文章，既有访日行程的描述，又有结合时事的评论。于是，怀着对曾昭抡的尊崇，唐敖庆选择了北京大学，进入化学系就读。

曾昭抡原在南京中央大学任教，1931年受聘来北大化学系任系主任。他有一个习惯，每当开学时，他会与新生逐一面谈。入学不久，曾昭抡约唐敖庆面谈，此举使唐敖庆深受鼓舞。北大化学系一届招生20名，第一学年淘汰近一半,有些人转系,有些人退学,而唐敖庆顺利进入了第二学年。

可是好景不长,他到北大不到一年,卢沟桥事变爆发,日军发动全面侵华战争。北大、清华、南开三所大学南迁,在长沙成立临时大学。不久,南京、上海相继失守,武汉危在旦夕,长沙遭到的空袭轰炸日益加剧,经历了南迁还没完全稳定的师生们再一次迁徙,目的地是云南昆明。

由于战时局势紧张,南迁的师生分成三路:一路是女生或体力不行或不愿步行的,一律乘车经粤汉铁路到广州,再转香港、越南海防,由滇越铁路返回进入云南;另一路乘汽车,沿湘桂公路经广西镇南关进入越南,再返回进入云南;还有一路是师生们沿湘黔公路徒步进入云南,这条最艰苦、最危险且最漫长的徒步之旅,后来被称为"文化长征"。唐敖庆跟随老师曾昭抡参加了第三路的步行团。

1938年2月20日凌晨,师生步行团正式开始向昆明进发。学生一律穿军装、打绑腿、背干粮等。唐敖庆回忆:"我们每天早晨五六点钟天还没太亮就起床吃饭,然后上路,中午在路上吃。学校给每人每天两角钱,除了吃饭,还要用来喝茶、买草鞋等零用。晚上五六点钟到住地休息。每天早晨,当我们披着星光走了二三十里路时,天才放亮。这时远远看见曾昭抡教授已经坐在路边的公里标记石碑上写日记了。等我们赶上来后,他又和我们一起赶路。曾先生每天如此。看来,他至少比我们早起一两个小时。"

师生步行团从长沙出发,经过贵阳、盘县,再到昆明,合计3500里。4月28日下午到达,历时68天;扣除乘车、休息以外,实际走了40天,平均每天走65里,且大都是山路,实在不容易。但这一经历使教师、学生了解了西南社会的民情,行路、住宿的艰辛更是磨炼了师生的意志。

在昆明,北大、清华、南开合组成西南联合大学。化学系一时名师荟萃,唐敖庆得以在知识的海洋中遨游。杨石先、曾昭抡、朱汝华、钱思亮四位教授都开了高等

西南联大校门

有机化学相关的课程，唐敖庆都去听了。曾昭抡讲课以教学内容为主，比较灵活，主要用中文讲授，有时也穿插英文；且善以典型历史材料为辅，纵横谈论，整个黑板写得满满的。唐敖庆回忆："曾先生主张启发学生自己努力学习，钻研问题。我从曾先生那里学到了许多东西。""曾先生的课讲得很精彩，内容丰富，逻辑性强，听后收获很大。"

西南联大对学生的管理相对自由，唐敖庆便跨学科选修了许多数学、物理相关课程。不过，联大的实验教学设施严重不足，连最常用的过氧化氢（俗称双氧水）、盐酸、硝酸都买不到，只好自己制备。当时没有自来水，就在实验室旁搭个木架，放上木桶，就是小水塔；实验室加热没有煤气灯，就用酒精灯，后来连酒精也买不起了，只能用木炭加热；没有冷凝水，就用两个铁皮槽，一个放在架子上，一个放在桌子上，打上一槽水，不断地将水舀进铁皮槽，保持水的流动性，达到冷却效果。

联大的学习条件很艰苦。刚开始，学校没有装电灯，男生住在茅草搭起来的长条宿舍里，两架上下床用破床单隔成一个空间。整条宿舍共用几盏油灯，寝室里的昏暗可想而知。到了1940年春天，新宿舍才有电灯。但初期电压低，电灯很昏暗，一个宿舍八人一盏，而且吊得很高。唐敖庆每天都在昏暗的环境中挑灯夜战，久而久之，眼睛近视度数越来越高，眼镜片上的螺纹一圈圈地增加。

1940年夏，唐敖庆以优异的成绩从西南联大毕业，随即被聘为化学系助教。

东归

1945年9月，终于盼来了抗日战争胜利。国民政府委派著名物理学家吴大猷、化学家曾昭抡、数学家华罗庚赴美考察原子能技术，并要他们推荐一些优秀年轻人才以助手身份随同访美，曾昭抡就推荐了唐敖庆。1946年9月，一行人从上海搭船赴美。曾昭抡将唐敖庆推荐到哥伦比亚大学化学系，跟随哈弗尔德（Halford）教授攻读博士学位。

哥伦比亚大学位于美国纽约曼哈顿的黄金地段，是美国最早的大学之一，也是美国常春藤盟校的"领袖"。学校的师资力量强大，学习和实验条件优越。唐敖庆选修了化学、数学两个系的课程。往往是这个系刚刚下课，他又匆匆忙忙地赶往另一个系。到了晚上，他又在图书馆整理笔记，并查阅大量参考资料。

正在唐敖庆全力拼搏时，一个巨大的打击向他袭来——繁重的思维活动、紧绷的大脑神经，使唐敖庆的眼睛视力更加衰弱了。上课时，即使坐在第一排，黑板上清晰的字迹在他的眼里也只是模糊不清的一片。查阅文献时，要把眼睛贴到离书几厘米的距离，才能勉强看清楚。对付这个恼人的问题，唐敖庆的对策是训练记忆力，提高上课效率。每次上课时，他只记下一些大标题。教授在讲述时，他一边听一边跟着推导思维。当教授在板书时，他赶紧将刚才的内容回想一遍，然后跟上下一段的讲解和推导。听完课，他再打开"记忆闸门"，把所有的内容整理成笔记。通过这样的训练，唐敖庆听课的效率比以前更高了。慢慢地，他将大脑训练成"存储器"，养成了"过耳不忘"的习惯。唐敖庆在学习的道路上，比其他同学洒下了更多的汗水，也比其他同学获得了更大的收获，而且练就了惊人的记忆力，直到年老都没有减退。辛勤的汗水结出了丰硕的果实。第一学期过去了，唐敖庆各科学习成绩都独占鳌头，获得了校级最高奖学金。该奖学金在全哥伦比亚大学几千名研究生中只有8个名额，化学系200多人只有唐敖庆一人获得。

1949年10月1日，新世纪的曙光从东方升起，中华人民共和国成立了。这个振奋人心的喜讯越过千山万水，传到大洋彼岸的美国。唐敖庆欣喜万分，报效祖国的心情再也按捺不住了。

唐敖庆立即申请答辩论文，顺利通过并取得了博士学位，接着办理了回国手续。导师哈弗尔德听说学生即将回国的消息，特意把他请到家中，设宴款待。席间，哈弗尔德深情地说："我对国共两党谁是谁非并不了解，不过贵国目前相当落后我是确信不疑的。你回到那里，继续从事你的科学研究是相当困难的。"

唐敖庆说："我知道我的祖国现在是满目疮痍，百废待兴。但您知道，一个爱国者是不会嫌弃他的祖国的贫困的，改变祖国贫困落后的面貌，正是每个爱国者义不容辞的责任。"

导师被学生强烈的爱国热忱深深打动了。他理解了学生的心情，把珍贵的文献资料赠给了学生。（27年后，唐敖庆率领化学考察组访问美国，特地到哥伦比亚大学看望自己的导师。可惜年近七旬的哈弗尔德教授正卧病在床，已不能和自己的中国学生长谈了。）

1950年1月7日，唐敖庆搭上一艘远洋客轮，经过一个多月的海上航行，终于踏上了3年来魂牵梦绕的国土。

北上

吉林省长春市同志街，有一个狭小的胡同，名叫永昌胡同。胡同里有一幢灰色东洋式小平房，多少年来经常彻夜闪耀着明亮的灯光。在一张龟裂的三屉桌上，整齐有致地摆放着几本参考文献和几张雪白的计算草纸。每当夜幕降临，唐敖庆就伏身案头，眼睛离桌面很近很近，从事着艰苦的科学研究工作。

回到祖国后的唐敖庆，被北京大学聘为化学系副教授，后升为教授。系主任正是他的恩师曾昭抡。1952年全国高校进行院系调整，时任教育部副部长的曾昭抡找到唐敖庆说："东北是一个重工业基地，但还没有一所综合性大学。中央决定在东北人民大学增设理科。现在北大、清华、燕京调整后可以抽出人去支援东北。你怎么想？"唐敖庆回答说："我服从组织分配。"并照此填了"服从组织分配"的志愿，同时附了个条件：希望不要做行政工作。

这样，1952年，唐敖庆被调到东北人民大学（1958年更名为吉林大学）工作。当时的化学系只有一幢日伪时期建起来的两层小楼中的一层。全系只有几间很小的办公室，三十几名教职工挤在一起办公，实验设备、仪器、药品都无从谈起。同学们围着一张像卖肉案板似的条桌，用墨水瓶做酒精灯，用极为简单的仪器，进行着最基本的化学实验……

"难道哈弗尔德教授的劝说是对的，我不应该这样匆忙回国。这样的条件，怎么能培养出高水平的学生，怎么能取得世界一流的科研成果？"唐敖庆暗问自己，"不，我没有错！当时西南联大条件比这更艰苦，头顶着炸弹，不是也培养出一批批人才吗？"为国家献身、为民族争光的志向，在他的胸中激荡。

1953年，唐敖庆招收了首届5名理论化学研究生，他们是戴树珊、江元生、薛志元、段继祖和蒋栋成。他教授的课程涉及数学、宏观热力学、动力学、量子化学和统计力学等，有时一周的课时达16学时之多，相当于正常情况下两三个教员的工作量。他讲的每一门课程都有严密的科学体系和独特的风格：无机化学课素材丰富，并且结合最新科研成果；物理化学课纲举目张，既有逻辑推理，又时常结合化学实际，使艰深的理论公式变得通俗易懂；物质结构课则是从宏观到微观，由结构联系分子性质讲起，深入浅出，融会贯通……深受同学们的欢迎。令同学们十分惊异的是，唐敖庆讲那么多门课，但每次走上讲台从来不带教案，只凭一张嘴、几根粉笔。他的大脑就像一部电子计算机，准确地输出一个又一个复杂的数学公式，又能输出化学原理和理论推导。唐敖庆讲课独特的风格、严密的体系更令人心驰神往，使学生们欣然步入那五彩缤纷、变幻无穷的化学殿堂。系主任蔡镏生亲自听了唐敖庆的几次课后，十分感慨地说："基础课能讲到这种程度，真不容易。有学问！"

新中国成立之初，理论化学研究可以说是一片荒漠，理论化学涉及较为艰深的数理知识。由于教学的缺失，理论化学人才几乎不可能成长起来。1953年和1954年暑假，教育部委托唐敖庆和厦门大学教授卢嘉锡分别在山东和北京举办了两期物质结构进修班。其中"量子化学基础"一课由唐敖庆讲授。量子力学是20世纪20年代新创立的学科，主要讨论微观粒子的运动规律。微观粒子具有波粒二象性，不能运用宏观物体遵循的牛顿定律来描述，必须用量子力学来讨论。"物质结构"就是要讨论分子中原子间的电子如何运动形成化学键的问题。由于电子是微观粒子，所以也要用量子力学来讨论化学，这就是"量子化学"。唐敖庆用浅显易懂的语言、简洁明了的数学方法解释化学键理论，将进修班学员带进微观世界，使深奥的理论变得可亲可近。

这两期物质结构进修班培养出了中国第一批理论化学教员，其中孙家钟、江元生、戴树珊、薛志元都独立发表了论文。这次进修班上各位老师的讲义，经过整理修改，于1959年出版。以后不断再版，总印数超20万册，成为我国物质结构课程的主要教材，1987年获全国优秀教材特等奖。

唐敖庆在1961年还给理论化学研究所开过一次光谱班，学员中有后来成为浙江大学教授的徐元植。徐元植在唐敖庆讲量子力学时做了详细的笔记，后来和另一位学生的笔记一并整理，出版了《唐敖庆之量子力学》一书。

1963年8月，为了推进我国物质结构研究，培养高层次理论化学研究人才，教育部又委托唐敖庆在长春吉

唐敖庆和他的"八大弟子"

林大学举办了为期两年的物质结构学术讨论班,为中国理论化学研究之滥觞。

报名名单送到唐敖庆手中,经过他反复遴选,最终确定了讨论班的8名正式成员。这8名正式成员,也就是俗称的唐门"八大弟子",分别是厦门大学张乾二,四川大学鄢国森、古正,北京师范大学(兼任讲师于北京大学)刘若庄,山东大学邓从豪,云南大学戴树珊,吉林大学江元生、孙家钟。这8人中具有研究生学历的有4人,都毕业于我国大学化学系,且毕业时间在10年以上,具有一定的教学和研究经验,在学术界已有一定影响,并成为该校有关教研机构的负责人,有独立开展研究的能力。

二泉今犹映明月

唐敖庆在上课

物质结构学术讨论班还设有旁听学员。旁听生仅安排听课,不安排科学研究活动。旁听生虽具有一定的流动性,但一直维持在20人以上,包括了南京大学游效曾、厦门大学赖伍江、云南师范学院刘春万,还有复旦大学薛志元、东北师范大学赵成大、长春应用化学所裘祖文、长春地质学院高孝恢等。

主干课程"群论及其在物质结构中的应用",教材采用格里菲斯的《过渡金属离子理论》,由唐敖庆亲自讲授,每周3次课,约10课时。唐敖庆结合课堂讲授,每周布置习题一次,习题由学员轮流批改,可以相互学习,疑难问题再由唐敖庆来解答。这样一来,师生之间相互探讨,相互"碰撞",容易生发出思想的"火花"。

依当时的化学理论,在络合物里人们用三维旋转群来研究中心离子,用点群来研究配体,同时用中心离子的原子轨道杂化来与配体的对称性匹配。唐敖庆课后常对学员讲:"在三维旋转群与点群之间,存在一条沟,需要架一座桥。"学生邓从豪受此启发,认为"这座桥"就是三维旋转群到八面体群的耦合系数。可"这座桥"怎么搭?这耦合系数怎么求?文献都查不到。唐敖庆听了邓从豪的想法,很高兴,说:"搞科研就是攻难点,突破了就可以开拓一大片,我们都来努力探索一下。"从那以后,唐敖庆在课后一直在思索如何推算这个耦合系数,邓从豪与张乾二、鄢国森三人也经常在一起切磋。

终于,在一天晚上,唐敖庆打开了思路,认识到将旋转群分解到点群的不可约表示基,分别用旋转群和点群耦合的基函数表示出来,其中就含有旋转群分解到点群的耦合系数。有了这个想法,他马上开始推导出了相应的公式,真有"踏破铁鞋无觅处,得来全不费功夫"之感。他很兴奋,准备第二天把这一公式告诉学生们,共同探讨。次日早上他来到教室时,没想到学生们用不同方法也推导出了计算公式。原来,也是在前一晚,张乾二与鄢国森在招待所里讨论时,忽然头脑中灵光一现,提出了与唐敖庆类似的想法。张乾二听完后马上拿起笔,开始推导公式。他的逻辑推理能力得到了最好的发挥,一会儿就推出了计算公式。第二天一大早,他们俩对邓从豪讲了这件事。邓从豪觉得张乾二推导的计算公式不够完美,于是他对公式的推导做了修改,使其更加规范化。师生们一碰面,提出了各自的公式。真是英雄所见略同,唐敖庆更是高兴。

老师和学生两个公式各有千秋:唐敖庆的公式是闭合公式,比较漂亮,但要进行大量计算,需要好几次求和;学生推出的公式比较简洁,更便于徒手计算。师生竞相推导公式,一时传为佳话。

师生们来自天南地北,在闲暇时常热烈地聊着各地的风俗习惯,聊聊中国的古典文学《红楼梦》《三国演义》等。聊到高兴时,唐敖庆还会哼两句京剧、昆曲。每过几个月,唐敖庆会请大家到长春饭店,改善一下伙食。这是比较高级的饭店,一顿饭就要100多元。

20世纪60年代正值困难时期,东北的生活条件尤为艰苦,当时长春一般老百姓只能吃到政府供应的玉米、高粱等粗粮。但是学术讨论班中有6名成员来自南方,初来东北吃粗粮很不习惯。于是唐敖庆出面,由吉林大学与长春市粮食局协商,为这6名学员全部供应细粮,还额外提供了一些副食品,如肉类、黄豆、鸡蛋等。东北入冬后,天寒地冻,室外温度往往在零下20摄氏度,南方带来的冬衣根本不能御寒。当时中国棉花、棉布都是按地区发放票证供应。校方又与长春市商业局协调,给这6名南方来的学员发放布票54尺、棉花票4

唐敖庆在备课

斤,解决了他们购买棉大衣的问题。

　　科学的发展,不仅仅表现在科技手段的代代更新和理论的代代精进,同样也表现在科学技术与科学知识乃至科学文化在一代代科学工作者之间的传承与发展,这就是所谓的"学术谱系"。某一专门领域内的学者大多都出自某一人或几人门下;诺贝尔奖获得者之间,往往有很深的渊源,或为同门,或为师生,或为父子,或为夫妻。唐敖庆的这8位学生,后来出了5位院士、2位大学校长,成就了我国化学专业的唐门"谱系"。

　　担任讨论班班长的邓从豪,1920年10月出生于江西省临川县(今临川区)。1941年夏季,邓从豪徒步800里,风餐露宿,赶到福建,参加厦门大学入学考试。在1000多名考生中,他以第40名的成绩被录取。1948

年冬，邓从豪来到山东大学化学系任教。1952年，邓从豪在《化学学报》上读到唐敖庆的两篇论文《分子内旋转》和《橡胶的弹性》，很感兴趣，就试着给唐敖庆写信，索要论文油印本。很快，他就收到了唐敖庆寄来的油印本。1953年，唐敖庆与卢嘉锡在青岛举办物质结构进修班，邓从豪参加了。这年秋天，邓从豪又跑到吉林大学跟随唐敖庆进修了半年，并选择了自己的研究课题"化学键的量子理论"。在讨论班期间，他着力研究配位场理论，提出点群-连续群耦合系数，主笔撰写了相关系列论文。从1980年起，邓从豪先后担任过山东大学副校长、校长，1993年11月当选为中国科学院院士。

鄢国森，1930年1月出生于四川省南川县（今重庆市南川区），1947年秋进入重庆大学化学系学习，1951年毕业后留校，任化学系物理化学助教。1953年，鄢国森由重庆大学调到四川大学。到四川大学后，鄢国森独当一面，白手起家建起了物理化学实验室，此后在定域分子轨道的计算及其应用、分子振动光谱研究方面又取得新的成果。1984年4月至1989年3月，鄢国森任四川大学校长。

孙家钟，1929年12月出生于天津市，1952年9月毕业于燕京大学化学系，同年到东北人民大学化学系任教。他长期从事理论化学研究，在配位场理论、分子间相互作用、多重散射等方面取得的成就，在国际学术界有较大的影响。1991年，孙家钟当选为中国科学院院士。

江元生，1931年8月出生于江西省宜春市，新中国成立前后先后在广州中山大学、武汉大学化学系就读，1953年成为唐敖庆在东北人民大学招收的首届5名理论化学研究生之一，毕业后留校任教，1991年当选为中国科学院院士，1992年任南京大学化学系教授、博士生导师。

张乾二，1928年8月出生在福建省惠安县，1947年考入厦门大学化学系，系主任是刚从美国归来的教授卢嘉锡。1954年7月，张乾二研究生毕业，留校担任化学系助教。他在分子轨道图形方法、原子簇化学键理论、多电子体系酉群理论等方面取得了一些具有创造性的系统研究成果。1991年，张乾二当选为中国科学院院士。

刘若庄，1925年5月出生于北京，1947年毕业于北京辅仁大学化学系，1950年北京大学物理化学专业研究生毕业。他的主要贡献是创造性地将量子化学理论和计算方法应用于研究实际化学问题。1999年，刘若庄当选为中国科学院院士。

戴树珊，1928年11月出生于江苏省扬中市，1953年毕业于北京大学化学系，1953年成为唐敖庆的首届5名理论化学研究生之一,毕业后一直在云南大学任教。

古正,1952年毕业于重庆大学化学系,随后留校任教,一年后调到四川大学化学系任教。其《配位场理论》科研成果获国家自然科学一等奖。

辉煌

1981年初夏,具有世界权威性的"国际量子分子科学研究会"在美国举行例会。与会的28名成员都是世界一流的量子化学家,其中有7位诺贝尔奖获得者。例会临时加了一项议题,由研究会主席、佛罗里达大学量子理论中心领导人、瑞典著名科学家卢丁与诺贝尔奖获得者、分子轨道对称守恒原理的创始人之一、美国康奈尔大学教授霍夫曼向与会者介绍唐敖庆30年来所取得的令人瞩目的成就。

于是,这个国际上有名的研究会一改常规,未经本人提出申请,便在卢丁与霍夫曼的提议下,通过投票表决,接受唐敖庆为研究会的第29名成员。唐敖庆是加入这个组织的第一位中国科学家。

时隔一年,1982年在瑞典乌普萨拉市举行的第四届国际量子化学会议上,与会的唐门弟子孙家钟、邓从豪、刘若庄、张乾二见到了意气风发的霍夫曼,问起他:

"您是怎样知道唐先生的呢？"

"是从《中国科学》——贵国一本很有影响的刊物上看到的。"霍夫曼风趣地说，"从这本刊物上我看到了唐先生50年代初就在杂化轨道、多中心积分、分子内旋转等问题上取得了一系列很漂亮的成果。可是后来——大约20年吧，再也看不到了。最近我又看到了唐先生的工作。我确信，那20年，唐先生也一定有很好的工作，只是我没有看到。"

1979年，卢丁第一次访问中国时特意赶到长春，会见了吉林大学校长唐敖庆。这一年，卢丁年近七十，在国际量子化学界享有崇高的威望。在这次充满友好情谊的宴会上，卢丁举杯走到唐敖庆面前，真诚地说："唐先生，您是中国量子化学的奠基者！"

应该说，卢丁的评价，唐敖庆是当之无愧的。然而，这位国际量子化学界最有名最权威的专家的评价，并未在唐敖庆心中引起震动。他对学生们说："我的工作都是在国内做的。在国内做的工作，主要应听取国内专家的评价。将来你们在国外做的工作，才应主要听取国外专家的评价！"

"我的工作都是在国内做的"，其中蕴含的意义超越了唐敖庆取得成果本身所包含的意义，展现了一个爱国者的崇高胸怀。

唐敖庆所从事的量子化学研究，是理论化学的一个重要组成部分,研究的对象是构成分子的原子之间的结合力——化学键。物质的分子是千差万别的,化学键也是多种多样的。对化学键的研究可以使人类深入了解到分子内部的原子是如何结合的,不同的分子将具有什么样的性质,从而为人类寻找合成新材料提供依据。

多年来,唐敖庆以挑战者的姿态涉猎杂化轨道、多中心积分、分子内旋转、分子间相互作用等这些国际化学界的前沿领域。实验化学家与仪器为伍,理论化学家却整天伏身案头,奋笔演算,绞尽脑汁;后者比前者更加艰难抽象,枯燥乏味。没有计算机,所有的计算、推导都要靠大脑、笔和纸来进行。日复一日,年复一年,送走太阳,迎来星光,寒来暑往,经过 3 年 1000 多个日日夜夜,唐敖庆一举攻下这个难题!他推导出一个可以计算许多复杂分子内旋的能量变化公式——势能函数公式。利用这个公式,可以推出物质的一些性质,为从结构上改变物质的性质提供了可靠的依据。这项成果 1955 年公布于世,立即引起国内外的强烈反响。

凝胶点是高分子形态转化的关键阶段,准确地掌握凝胶点就能控制生产,大幅度减少甚至避免生产高分子废品。探索者的道路是艰辛的。唐敖庆依据中外无数计算的实验数据,经过无数个不眠之夜,终于发现了最佳凝胶点、凝胶范围与条件,把原来的凝胶化理论发展为固化理论,使高分子动力学有了新进展,引起中外化学界的嘱目。

在高分子交联理论中,英国科学家的交联度和溶解度的关系公式是举世公认的。唐敖庆发现这个公式不完善,有很大的局限性。于是,唐敖庆又进行了新的探索。他重新设计了一个物理模型,一次又一次地开展科学实验与理论推导,终于在1962年得到了一个完善的理论结果,推动了高分子交联理论的发展。16年后,美国两位化学家公布了他们的研究结果,与唐敖庆取得的结果完全一样!

配位场理论是当代最新发展起来的有关分子结构的三大理论之一,是现代无机化学和元素有机化学的重要理论基础,与激光、络合萃取、络合催化有着十分密切的关系。当时,我国在这些科研领域应用价值重大的科研课题已经铺开,但是缺乏理论基础。唐敖庆又一次果敢地改变了自己的研究方向,带领科技队伍向一个全新的科学领域冲刺。

3年,仅仅3年时间,唐敖庆和他的研究团队又在这个当代世界科学前沿阵地取得了突破性的进展。他们令人赞叹的研究工作,使配位场理论更加系统化,形成了一套标准化的计算方法。唐敖庆创造性地定义、引进了群论之间的耦合系数,把物理学上从无限到有限的变化、数学上的对称性变化联系起来,把整个配位的计算层次连成一片,使每一层次的计算都是标准化的。

这项研究成果,在 1979 年 11 月由孙家钟、江元生带到日本,在第三届国际量子化学会议上交流,许多学者不敢相信这样富有创造性的工作是在十几年前完成的。时至今日,唐敖庆和学生们的科研成果,仍在国际前沿产生重大影响,并由此奠定了中国科技人员在量子化学领域中的国际地位。

蒋新松与机器人

蒋新松(1931—1997),江苏江阴人。国家863计划自动化领域首席科学家,被誉为"中国机器人之父"。1994年当选为中国工程院院士。

滚滚长江,一路向东,到江阴段时,已经临近大海,江面宽阔,浪涛拍岸。"望不见来处,只是一片白浪;望不到尽头,唯有云水无疆。"

有这样一位江阴之子,他的一生就如长江一般绵延,他的事业也如长江一般沉潜,且有力。

他就是被誉为"中国机器人之父"的蒋新松。

这就是伟大的长江,长江和母亲一样,共同赋予了我的人格,培育了我的性格。

——蒋新松

二泉今犹映明月

1931年的秋天,蒋新松出生于江苏省江阴县澄北镇长江边上一个平民家庭。识文断字的母亲,从杜甫"新松恨不高千尺,恶竹应须斩万竿"诗句中给他起了一个响亮的名字:蒋新松。期望他像青松那样俊秀挺拔,经得住风吹雨打,品格高洁,扶善疾恶,成为国家的栋梁之材。

他的母亲出身于书香门第,自幼接受了中国的传统教育。从蒋新松上学的第一天起,母亲就开始给他讲故事,反复教育他,无论做什么事,最重要的是"持之以恒"。日后蒋新松如此回忆:"'恒',是我母亲一生中留给我的最宝贵的财富,是奠定我走向成功的基石。"

1942年夏,刚满11岁的蒋新松,经过"跳级",以优异的成绩从小学毕业。当时,他拍了一张标准像,这是他第一次单人照相,除贴毕业证外,他将照片放大了一张,工工整整地在照片背面写下一行小字:"一个伟人在成长。"

人生为了什么?人生的意义和价值是什么?进入中学后,蒋新松开始思考人生价值的问题。在老师的启发下,终于有了朦胧的答案——做一个科学家、一个发明家,像牛顿、爱迪生、哥白尼一样。

1946年冬天,由于家境贫寒,15岁的蒋新松再也上不起高中了,只能进华士镇一家纱厂当了两年学徒工。随着新中国的成立,蒋新松又重新走进江阴南菁中学的校门。1951年,他以优异的成绩从中学毕业,考上久已向往的上海交通大学,成为电机系的一位新生。

1951年考入上海交大时的蒋新松

大学一年级刚读完,学校决定选送一批优秀学生参加华东地区留学苏联预备生统考,蒋新松被选中了。然而,在身体检查中发现蒋新松有肺结核,这一结果使他痛失了留学的机会。持续的低热,更让他一度失去了生活的信心。一天,蒋新松悄悄走出了校门,来到市郊的一条小河边,纵身扑向了河水。他没能如愿离开人世,被路过的农民发现并救助上岸。在母亲、老师、同学的关怀和帮助下,他从精神的低谷中走出来,又发奋投入学习中。

上海交大电机系工业企业电气化专业有20多门专业课程:电气、电力学、自动调节原理、自动控制原理、绝缘、输配电设备、自动控制器械、驱动系统、机床电气设备、电力驱动等;每学期都要开五六门课,学生们的时间表总是排得很紧。蒋新松的记忆力好,反应快,吸收新知识比较迅速。他从不死记硬背,不追求分数,而追求对知识的真正理解。

二年级下学期，工业企业电气化专业的学生被安排到上海电机厂实习，目的是了解简单程序自动控制。这是蒋新松第一次来到大型企业。他被分配到金属加工车间实习，车间有一台大型弯管机，加工的多是大型金属管材。由于是人力上料，劳动强度大且危险。在与生产工人的交流中，蒋新松萌生了要为这台机器搞自动化程控的设想。

不知是由于蒋新松的设计不够完善，还是因为工厂当时尚缺乏自动化程控的技术与资金条件，这个设计被搁置起来了。但是，上海电机厂，这个蒋新松向自动化程序技术进军的第一个高地上，永久地留下了他值得纪念的足印。

大学三年级，同学们来到济南机床厂实习，目的是了解机床电气化。济南机床厂是我国第一个五年计划期间刚刚建成的大型工作母机生产厂，规模大，设备新。当时正值厂内请了很多专家会诊一台单臂龙门刨低速振动问题，蒋新松跟着这些专家实习，倾听他们的意见，参加他们的讨论。经过一次次假设、试验、否定、协调，最后终于认定是机床导轨研磨及低速调速特性不好，形成振荡。

不久毕业实习开始了。蒋新松与其他三名同学来到南京第一机床厂。他们毕业设计的题目都是自动车床的驱动系统。自动车床，在工厂里被称为自动机，是南京第一机床厂由苏联引进的技术项目。蒋新松与同学们的这项毕业设计由学校的苏联专家苏金亲自进行指导。他们住在机床厂职工宿舍,每天到车间上班,了解自动车床的构造、性能和切削的工艺过程。回到学校,蒋新松又进行了细密的案头文字工作。他找了许多苏联原版教材、《电气》杂志,以及有关自动车床的参考书,权衡着已有的自动车床电气驱动系统的利弊,并对自己的设计构想进行了一次次否定,最后才在图纸上落笔。指导老师认为整个设计是严谨的、实用的,尤其对控制系统在各种情况下的动态分析及参数计算部分表示满意,觉得有付诸生产的参考价值。不久,成绩公布,蒋新松的毕业设计被评为"优"。

> 我从不怨天尤人,为祖国和科学持之以恒,孜孜以求地探索,在广阔无边的科学海洋中,找回我的欢乐和幸福。
> ——蒋新松

1956年夏天,25岁的蒋新松从上海交通大学电机系毕业,北上踏进了中国科学院的大门。1957年,在"反右"运动中,蒋新松受到了人生的最大打击。他成为科学院最年轻的"右派分子"之一,被下放到河北藁城劳动"改造"。

蒋新松在讲学

陷入逆境的蒋新松有怎样的心境呢？他后来回忆说："太史公宫而后有《史记》，孙膑膑足而后有兵法……皆士之发愤之所为也。孟子说，天将降大任于是人也，必先苦其心志，劳其筋骨……我意识到，历史是无情的，又是最公正的。今后不管条件如何，我仍应坚持我告诉过妈妈的我的选择。我只能用自己谱写的历史来证明我无愧于我们伟大的祖国、我们伟大的时代，不使我亲爱的妈妈失望。在我们伟大祖国历史上众多知识界先驱的精神鼓舞下，不久我又开始了我新的长征。条件是艰苦的，种种心灵上的创伤是巨大的，但这一切锻炼了我的意志，使我学会了从历史的高度看待一切。我从不怨天尤人……"

蒋新松身陷逆境而没有空耗青春。他从不放松自己的学习进取，也没有停止对科学的探索，一连完成了好几项工业自动化项目。在天津东亚毛纺织厂研制成功染色温升采样控制器；在石景山钢铁厂研究侧吹转炉炼钢终吹点观测仪，论证了火焰双色比值仪不能作为确定终吹点的观测仪；在兰州炼油厂参加国家自动化试点项目时，首次在大型工业对象中使用伪随机码进行测试。他还针对自动控制理论中的前沿课题，写出了《极值搜索原理在测量设备中的应用》一文，在1964年瑞典召开的国际计量学会年会上被宣读（可惜蒋新松本人无缘出席）。

1965年10月，蒋新松北上沈阳，奉调到中国科学院东北工业自动化研究所（即今沈阳自动化研究所）工作。这个时期，正值我国科技事业和工业生产受到干扰，因"右派"问题靠边站的蒋新松，却有充裕的时间搞科研，主导完成了鞍钢1200可逆冷轧机数字式准确停车装置、复合张力系统和自适应厚度调节装置三项大型工程项目。曾和他一起在鞍钢工作过的科研人员说，蒋新松的勤奋是超乎寻常的。他早晨不到5点就起床，看书、设计或修改图纸，白天安装、试验、讨论，晚上坐在床上，嘴上叼着铅笔，看书、啃资料，不过10点不休息。这样坚持了整整10年，终于啃下了鞍钢冷轧机技术改造这块硬骨头！

随着科学技术发展，人类进入了信息时代。由于通信和航空事业的发展，从时空关系上来讲，世界大幅度变"小"了。依靠通信卫星与世界任何地方交换信息，可以在秒的数量级内完成，而差不多在一天之内，从世界上任何地方出发，便可以到达其他任何地方。这就大大加速了世界统一市场的形成，促进了市场的竞争与发展,也推动着社会的前进。

20世纪70年代初,蒋新松和志同道合者共同向中国科学院建议开展人工智能和机器人方面的研究。不过,在那个岁月,他们的建议被讥为"天方夜谭"而轻易被否决了。

时间很快到了70年代末,蒋新松再一次感受到了春天的温暖。1977年,蒋新松在中国科学院自然科学规划大会上再次提出了发展机器人和人工智能的设想。这次他的提,得到了中国科学院的积极响应,机器人和人工智能被列入1978—1985年中国科学院自然科学发展规划。

机器人,是通过编入程序可以任意改变动作程序的灵活的机械电子装置,具有人的动作。蒋新松在他的著名论文《国外机器人的发展及我们的对策研究》中写道:"'机器人'将是人类进入20世纪后,具有代表性的高技术。机器人的出现及其进一步完善将使人类由传统的生产模式,即人—机器—自然界,逐步过渡到人—机器人—机器—自然界这一新模式;将把工人由从属于直接生产的岗位中解放出来,成为生产的组织者与指挥者。它也是当今各类生产过程进一步实现自动化的有力工具。毫无疑问,它将对传统的生产方式以至整个社会带来极大的影响。"那么,在中国首先发展什么样的机器人?蒋新松为此颇费一番脑筋。有一次,蒋新松随南海舰队调研时发现，潜水员在水下工作时，潜到20米以下便很难看清目标，50米以下的海洋则被永恒的黑暗所笼罩。蒋新松下了决心："结合中国国情，把研究在特殊环境下工作的机器人作为中国机器人技术发展的突破口。"

水下机器人的研制，是一个包括深潜、密封、自动控制、电视、声呐、信息传输、流体控制等技术的综合项目。蒋新松把研制中的实验型水下机器人定名为"海人一号"。这是我国的一个开创项目，蒋新松对它情有独钟，从立项到组织攻关队伍，事必躬亲，使研究工作紧张而顺利地进行。

1985年12月14日，"海人一号"研制完成，在旅顺港下潜60米，首航成功。第二年，"海人一号"在南海三亚海域创下深潜水下199米的纪录；与此同时，他们研制的有缆浮游作业水下机器人"金鱼二号"在吉林丰满水电站示范使用……

1986年2月1日，中国新闻社自首都北京向全世界发出一份电稿——《中国机器人发展面面观——访中国科学院沈阳自动化研究所所长蒋新松》。电稿开门见山地报道：

蒋新松穿梭般地往返于北京、大连、沈阳之间。12月14日，他的研究所研制的中国第一台水下机器人初试成功两天后,他就飞到北京同美国沛瑞(Perry)公司签订引进生产中型水下机器人技术的协议,紧接着,他又北上大连参加"海人一号"的水下工作试验。一个月后,他再返北京参加一年一度的中国科学院年会。

同年 4 月,国务院有关部门召集全国 200 多位科学家齐聚首都,研究制订《国家高技术研究发展计划纲要》(即 863 计划)。随后,国务院有关部门又用了近半年时间,组织 100 多位专家,分成 12 个小组对该纲要提出的各个领域高技术发展趋势和中国将要实现的目标进行充分探讨与论证。当时身为沈阳自动化研究所所长的蒋新松,被推举为自动化组组长。他长期关注世界新技术革命,尤其注重自动化领域高技术信息的搜集与理论探讨,这时已逐步形成了发展中国自动化领域研究的独到见解,并提出了自动化高技术的两个主题——集成制造系统(CIMS)和智能机器人,被采纳并写进《国家高技术研究发展计划纲要》。

"海人一号"水下机器人

1987 年 2 月,在

京西宾馆举行的国家高技术发展计划专家委员会成立大会上,蒋新松被国家科学技术委员会聘为自动化领域首席科学家。在主讲自动化领域发展规划时,他深厚的科学基础、丰富的实践经验、对世界高技术发展的卓有远见的见解,以及对中国发展趋势的合理展望,受到了国家领导人与专家们的一致赞誉。

863计划的倡导者之一杨嘉墀说:"863计划是1986年3月我们向小平同志提的建议。我记得当时在自动化领域,主要是蒋新松院士提出来,作为七个领域之一,要研究机器人和集成制造系统（CIMS）,经过他们的实践,实际上不是离我们远着呢,而已是国家已经迫切需要的工作。所以,从这些方面看起来,大家一致认为,蒋新松院士不仅是科技的实践家,而且还是一个战略家。"

1990年夏,一艘日本轮船在中国领海被英国船撞沉。保险公司开出高价进行招标,希望派水下机器人潜海,12天内探明沉船位置及地貌等情况,以便救捞。蒋新松及同事们所研制的水下机器人承担了这次使命。

"中国的水下机器人（ROV）?能行吗?"英国专家将信将疑。

"这样吧,让它下去抓把土上来,看看海底是沙还是泥。"有了蒋新松研究的成果,中国人的回答总是谦虚而自信的。

中国的水下机器人慢慢潜入海底,不仅抓了土,并且第一天就准确测定了沉船方位,第二天探测出船蚀程度,第三天摸清了地貌,圆满完成探查任务。12天的任务3天完成,"很好,中国的ROV!"在场的英国专家表示由衷的佩服。

成功的探查来自机器人背后精深的技术力量。水下有缆机器人,靠身后的电缆接受各种行动指令,如缰绳拴着的马。无缆机器人更加智能化,像没有缰绳的马,如果控制系统失灵,在水下几千米的地方乱跑一气,后果可想而知,国外就有不少跑失的记录。正因为如此,英国专家才对中国水下机器人的来去自如称道不已。

一次次的突破和成功之后,蒋新松并未满足,而是把目光盯向了更深的海域。他率团访问俄罗斯,与俄方签订了合作协议,向国家科委立下军令状:向水下6000米目标进军。

研制6000米水下机器人,难度可想而知:水下机器人在约6000米的深海,指甲盖大的面积就要承受6吨重的压力;导航定位受海水和海流的影响,水下机器人比空中飞行体更难指挥和定位;海水对材料的腐蚀力相当强,而价值几千万元的机器人,必须采用抗腐蚀的特殊材料……

1995年春,潜深6000米的无缆水下机器人经中俄两国科学家共同努力研制成功,这是当时具有世界领先水平的水下机器人。根据联合国关于测试太平洋深海区地况的请求，1995年5月，潜深6000米的水下机器人随国家海底测量队赴夏威夷海域进行深潜海试，连续奋战3个月，成功地摄取了深海锰结核的录像与照片。

就这样，中国仅用3年、不到2000万元人民币就完成了国外用时10年、耗资3000万美元的深海潜器研制。这项研发成果堪与卫星相比。

蒋新松自是十分欣慰，动情地说："毛泽东有两句词写得好，'可上九天揽月，可下五洋捉鳖'。50年代初读时，觉得是浪漫主义的，到90年代我们再读，已感到是写实的了。人造卫星、宇宙飞船上天，甚至登月，这不正是'可上九天揽月'吗？人类已经做到了。而水下机器人深潜海底，探测海底奥秘，不就是'可下五洋捉鳖'吗？我们现在试制完成的水下机器人还是试验型的，下一步要制造成应用型的，可以完成多种不同任务的水下机器人，有的用于测量海底矿藏，有的用于架设海底电缆特殊作业，有的用于海上石油钻探，等等，使水下机器人真正能为国家在21世纪成为海上强国建功立业……"

蒋新松说："我们脑袋里要有国家，有企业，想国家大事。一个科学家真正为国家分忧，空谈理论不行，光在实验室里搞，向党和人民是交不了账的。"作为国家863计划自动化领域首席科学家，蒋新松基于对世界新的经济竞争态势的准确把握和改变我国企业落后状态的迫切心情，又承担了CIMS工程研究开发的重担。CIMS主要面向制造业，对产品设计、加工制造、装配运输、市场营销、计划决策等企业全部信息进行交融共享和优化控制，旨在全面优化T（交付时间）、Q（产品质量）、C（成本）、S（服务），提高企业在全球化经济体系中的竞争力。如果说机器人解决了生产线自动化和信息化，那么CIMS工程则意味着生产全过程的自动化和信息化。凭着一位战略科学家所特有的敏锐的洞察力和卓越的指挥才能，蒋新松率领2000人的专业科研队伍，开始了艰辛的探索开发和推广应用。不到9年时间，就在全国100多家企业实现了CIMS的使用，把我国曾经一片空白的CIMS工程推到了国际科技舞台的前沿。

> 生命总是有限的，但让有限的生命发出更大的光和热，让生命更有意义，这是我的夙愿。我只讲生命的质量，不求生命长短的数量，活着干，死了算！
>
> ——蒋新松

凡与蒋新松打过交道、有所接触、对他有不同意见甚至曾受他批评的人，都由衷地认可和佩服他的勤奋和坚持。

为了机器人事业,蒋新松每日的行程都安排得满满当当。和蒋新松一起出差的同志讲,早晨不到五点,他就打开计算机或展开书本;与他一起出国考察的人说,一天旅行、参观、交流、宴请后,他往往一直干到半夜一两点,边看资料,边写报告;沈阳自动化研究所的司机都说,蒋所长坐车就一个要求:快!

蒋新松在钻研技术

长期高强度的紧张工作,使得蒋新松的身体常被病患困扰。1984年9月,他率团到美国、加拿大进行考察。经过考察摸底,决定引进美国沛瑞公司的制造技术。不久,该公司将来华签订协议合同。为了在谈判中拿出有利于我方的合同底稿,蒋新松连熬了几个通宵,以致在从一楼爬上二楼的过程中出现了虚脱、眩晕的症状,眼前一片漆黑。接着,在与美国沛瑞公司代表马拉松式谈判的过程中,紧张、焦灼、夜以继日地工作使得蒋新松又一次晕厥过去,急送医院救治。

在急救过程中，他高烧持续不下、心房纤颤、心电图异常、造血机能严重障碍……他患的是甲亢引起心房纤颤，生命垂危。

经医院全力抢救，蒋新松苏醒过来。术后拆线第三天，他就要求出院投入谈判。在他的不懈努力下，终于以较少的投资额引进了美国沛瑞公司的先进技术。

就在自己开拓的机器人事业方兴未艾之际，1997年3月蒋新松突发心脏病，经抢救无效在沈阳逝世。

他的突然辞世，引起了人们极大的悲恸。他的母校上海交通大学的校长翁史烈以唐代王勃的诗寄托了自己的悲痛："长江悲已滞，万里念将归。况属高风晚，山山黄叶飞。"

中国科学院沈阳自动化研究所研究员谈大龙回忆："蒋新松同志为了发展科技事业，为了解决我们国家国民经济中的问题，从70年代开始，我们一起提出来开展机器人研究，到80年代解决了第一台水下机器人，以及发展中期提出，开始搞CIMS，后来又提出搞并行工程和模拟制造。他不断为自己提出新的制高点、新的奋斗目标，直到去世前还在考虑6000米水下机器人能从观测型向作业型（发展），能够实现水平充电、水下对接。"

蒋新松带着几分事业未竟的遗憾，离开了他深爱的机器人事业。滔滔长江，在他的家乡江阴奔流入海。他的事业，也正是在浩渺的大海之上。他留下遗言：将他的骨灰撒入大海。在他逝世两个多月后的6月18日,一艘科研船驶入东海。19位科研人员肃立甲板,把他的骨灰和鲜花一起撒入了茫茫大海。

也正是在这一天,也正是在这艘科研船上,中国6000米水下自动机器人的试验应用成功,这无异于成功地发射了一颗"返回式"海洋卫星。这项重大的科技成果,标志着中国在自动化领域已迈上20世纪90年代世界先进水平。蒋新松虽然在有生之年没能参与这一创造历史的试验,但却见证了这一激动人心的时刻。从此,他的名字与中国的机器人事业相伴相随,他也将与大海一起获得永生。

蒋新松走了,但他的风范永存,他的事业仍在。

2000年,以沈阳自动化研究所为第一大股东、以蒋新松名字命名的高技术公司——沈阳新松机器人自动化股份有限公司正式成立。蒋新松的学生曲道奎担任常务副总经理,两年后担任公司总裁。此时,美、日、德等国的机器人已经形成产业化,产品行销全世界。他发下誓言:"老师生前一直为创办工业机器人产业化公司而奔忙,我们要将老师的遗愿化为行动,让机器人成为国家制造业现代化的龙头!"

2014年8月,年产5000台的工业机器人数字化智能生产线投产。偌大的车间,只有几名工作人员在巡检。从零部件入库到产品装配、检验、喷漆、成品包装入库,

"潜龙二号"深潜器

全部由机器人完成。

这是全国首条数字化智能生产线,由此开辟了"机器人生产机器人"的时代。

仅仅十几年时间,新松公司的机器人家族已是"儿孙满堂",有五大系列80多个品种。新松公司让机器人在中国率先实现了产业化,创造了中国机器人发展史上的108项第一,研发的机器人产品销往全球23个国家和地区。

20多年来,蒋新松所开创的水下机器人事业更是不断发展。由沈阳自动化研究所牵头研制的"潜龙号"无人无缆潜水器,到2018年4月已经成功完成50次下潜。载人潜水器"蛟龙号"已成功下潜到水下7000米,它的总设计师——中船702所的徐芑南,就是蒋新松当年亲自选定的6000米水下机器人的总设计师。"海斗号"已潜深10000米,研究骨干也是蒋新松当年的学生。随着"神舟""天宫""天舟""蛟龙""潜龙""海斗""海翼"等这些飞天与探海神器的相继出现,我国真正进入了"既能上九天揽月,又可下五洋捉鳖"的时代。

"当代毕昇"王选

王选（1937—2006），江苏无锡人。计算机文字信息处理专家，计算机汉字激光照排技术创始人，当代中国印刷业革命的先行者。1991年当选为中国科学院院士，1993年当选为第三世界科学院院士，1994年当选为中国工程院院士。

"老王，你真的要接下汉字精密照排系统这个担子吗？你的身体吃得消吗？"1975年秋，在北京大学西门内一个叫佟府的四合院里，陈堃銶递给丈夫王选一杯水，显得愀然不乐。

当时，王选正从事计算机逻辑设计、体系结构和高级语言编译系统等方面的研究工作，他的办公地点就是一间仅11平方米的小屋。陈堃銶所说的汉字精密照排系统，是"748工程"的项目之一。

在复杂的政治环境中，王选选择"两耳不闻窗外事"，一门心思扑在科学事业上。他请了"病休"，专心从事自己喜欢的计算机研究工作。

"当代毕昇"王选

1983年，王选和陈堃銶在家中工作

"我一直对汉字精密照排很感兴趣，你可要支持我。"王选说道。

"可是，国内已有五家单位在研制，而且科技实力和经济实力都很雄厚。"陈堃銶嘴里这么说，其实心里想的是，丈夫体质这么差，哪有精力搞科学研究？

"就这么办！毕竟我对计算机的软硬件都很熟悉，有这个领域革命的本钱。"王选下定决心。

陈堃銶知道丈夫说一不二的脾气，扔下一句"身体是革命的本钱"后走进厨房。

院子里那棵高大的柿子树，经过一冬的休眠，已经有力吐出新的枝芽，春天来了。

命运是自己选择的

　　王选,祖籍江苏无锡,1937年2月5日出生于上海。父亲王守其从上海南洋公学(今上海交通大学前身)毕业后,在一家国际贸易公司做会计师;母亲出身于书香门第,也是一个喜爱读书的知识女性。

　　父母的文化修养和殷实的家庭环境,使王选从小受到良好的教育。他从小学直到高中毕业,一直就读于当时的上海名校南洋模范学校。

　　1954年夏天,17岁的王选怀着对未来的憧憬从上海来到北京,进入北京大学数学力学系就读。数学学科的发展,在北京大学的建设中历来都是极受重视的。蔡元培说:"大学宗旨,凡治哲学文学应用科学者,都要从纯粹科学入手;治纯粹科学者,都要从数学入手。"

　　大学一、二年级系里是不分专业的,同学们上的都是一样的基础课。1957年,王选进入三年级学习,面临着一个选择:在数学、力学和计算数学三个专业之中,到底学什么专业?

　　人们都知道,在人生路途中关键时刻的选择是极为重要的。微软的创办人比尔·盖茨在谈到自己成功的经验时说:"我的成功如果说有什么秘密的话,那就是两个字——选择。"

这两个字也同样体现在王选的身上。数学专业,这门古老而又成熟的学科,既有完整严密的理论体系,又有等待解决的道道难关。一些尖子生都选择了数学专业,以完成摘取数学桂冠上闪耀明珠的宏伟志愿。而王选却选择了被别人视为另类、冷门的计算数学专业。在20世纪50年代中期的中国,计算机在人们心中还是一个遥远、神秘甚至陌生的梦。计算数学又是新兴学科,没有一套像样的教材,还包含大量繁杂琐碎、非创造性的技术,让多数人望而却步。而王选的看法是:越是古老成熟的学科,越是完整严密的理论体系,越难取得新的突破;而新兴学科往往代表着未来,越不成熟,留给人们的创造空间就越广阔,发展前景就越大。

对于人生第一个重要选择,日后的王选这样回忆:"我能够取得成就,最重要的一点,应该是具有远见和洞察力。我在解难题上面的本事并不大,但有一点我大概是突出的,就是洞察力、远见力,英语叫 vision 或 insight,具体表现就是我能比别人早一拍走到正确道路上。选择计算数学,以及后来自觉地训练英语听力,从硬件跨到软件,两者结合起来研究,直到选择搞激光照排,都是这种 vision 在起作用。"

当时电子计算机技术属于尖端科技,就是在美国和苏联也被视作国防机密。我国的计算机研究更是处于刚刚起步阶段。计算机是什么模样?王选和同学们谁都没看过。引领王选跨入这道神秘大门，让他生平第一次触摸计算机的，是张世龙讲授的"计算机原理"专业课。1956年，张世龙开始自行设计计算机"北大一号"。张世龙开设的计算机原理课，不但有"北大一号"模型机，还绘制了详尽的原理图，从逻辑设计、原理设计到电路设计、工程设计，明明白白，一应俱全。他的课，生动形象，简洁明了。张世龙可以称得上是王选的计算机启蒙老师。

1958年夏，王选结束4年大学生活，毕业留校在北大数学力学系工作，一年后调到新成立的无线电系。10月，美丽的燕园秋风送爽，澄净的未名湖水泛起阵阵涟漪。留校不久的王选，参加了张世龙领导的"红旗机"研制工作，从而开始了他一生中工作"最狂热"的阶段。

研制计算机的想法是张世龙提出来的。这一建议，得到了北大的大力支持。在那个火红的年代，北大给这台计算机起了一个同样火红的名字——"红旗机"。科研团队更是被称为"红旗营"，张世龙是"营长"，王选担任"营参谋"，是逻辑设计的主力，同时担任部分电路设计和工程设计。"营部"下达了第一道战斗命令："苦战百日，放出卫星，在明年三八节前设计、安装、调试出一台中型计算机。"大家群情激昂，干劲冲天。

不料，张世龙因为严厉批评不按程序操作的学生干部而受到批判和处分，被下放到农村劳动"改造"。临行前,他把调试"红旗机"的艰巨任务交给了王选和同事们。为了不辜负老师的期望,王选干脆住进了实验室,不分昼夜地拼命工作,晚上就打开铺盖睡在办公桌上。他像一台开足马力的机器,狂热地加速运转着,甚至到了牺牲一切的地步。当时他每天工作14个小时以上,最紧张的时候曾连续40个小时不睡觉。他和同事们画接线图、布板、做插件、焊接焊点……年仅21岁的王选开始逐渐显示出自己的才华。

经过一年时间的艰苦调试,"红旗机"终于成功运行。但由于国产磁芯存储器等关键部件不过关,最终没有投入实际生产和使用。不过,"红旗机"完全依靠自主力量设计、生产和调试,在技术上有创新和突破。

因勤奋地投入工作,王选获得了"拼命三郎"的称号。但不幸的是,紧张的工作和严重的营养不良摧垮了他的身体。然

1994年,王选与妻子陈堃銶一起查看汉字激光照排系统输出的排版胶片

而，王选是个意志顽强的人。养病期间，他仍然撑着虚弱的身子，成功研制了 ALGOL 60 高级语言编译系统。

也是在这段共同攻关的日子里，王选找到了自己的终身伴侣和事业的伙伴——陈堃銶。

孟子说："天将降大任于是人也，必先苦其心志，劳其筋骨，饿其体肤，空乏其身，行拂乱其所为，所以动心忍性，曾益其所不能。"王选经历了"红旗机"、ALGOL 60 编译系统攻关的艰苦与历练，饱受了病痛的折磨和政治的非难，也拥有了人世间最珍贵、足以让他托付一生的爱情。

多年后，王选回忆起那些年在第一线的实践，深情地说："一定要在年轻的时候养成自己动手的习惯。在计算机领域内，只出点子、从来不动手实现的人不容易出大成果。一个新思想和新方案的提出者往往也是第一个实现者，这似乎是一个规律。因为开头人们总会对新思想提出怀疑，而只有发明者本人才会不遗余力、承受一切艰难困苦、百折不挠地将其实现；也只有发明者本人最清楚自己方案中的问题，能有效地改进方案和克服实现过程中的各种困难以取得成功。"

世界性难题与老病号的"数学游戏"

1974 年 8 月，电子工业部、机械工业部、中国科学院、新华通讯社和国家新闻出版署5家单位共同发起一个研究项目——汉字信息处理系统工程，分三个子项目：汉字通信、汉字情报检索与汉字精密照排。这个研究项目，就是所谓的"748工程"。

王选的创造欲望又一次被激发。他认识到，这个项目对整个出版业是一场颠覆性的、前无古人的大革命，使用价值之大与前景之广阔简直无可限量，他毅然决定投入对其中汉字精密照排技术的研究。

所谓激光照排，就是把每一个汉字编成特定的编码，存储到计算机内，在输出时用激光束直接扫描成字。从20世纪40年代美国发明第一代手动照排机起，照排技术发展一直比较缓慢。70年代，第二代光学机械式照排机开始在日本流行，紧接着采用数字化存储方式的第三代阴极射线管照排机风靡欧美，而英国蒙纳公司又正在研制第四代激光照排机。国内多家研究单位，都在研发二代机或三代机，汉字字形存储方面则采用模拟存储方式。

"汉字的精密照排系统应该从哪里起步呢？"王选陷入深思之中。经过分析比较，王选得出结论：研制汉字照排系统，解决汉字字形信息的存储问题是关键。模拟式存储没有出路，必须走数字化存储的技术路径。要把汉字字形存储进计算机，就要把汉字字形变成计算机可以识别的由0和1构成的信息形式。如果把汉字写在方格纸上，把有笔画通过的小方格记为1，把没有笔画通过的小方格记为0，这样，组成汉字的全部小方格，就被处理成了计算机能识别的数字化格子。如果把每个小方格看作一个点，那么汉字字模就变成了数字化点阵，一个点就对应着计算机里的一位二进位；点阵由多少点组成，计算机就相应地要有多少位来记录它。为此，王选做出一个大胆的决策，即采用跨越式发展的技术路线，直接研制第四代照排技术——激光照排系统。

方向有了，但实际操作却困难重重。计算机是西方发明的，以英文为基础。英文只有26个字母，笔画简单。汉字数量繁多，是英文的数百倍；笔画复杂，即使一个点，也有长短、胖瘦、方向等多种变化；而且印刷用汉字更存在多种字体，每种字体还有十种大小不同的字号。根据测算，印刷用铅字若全部变点阵信息，总的存储量将达数百亿位。而当时的计算机计算速度慢，存贮量小，如何把庞大的汉字字形信息存储进计算机，使汉字信息处理与计算机接轨，成为一个世界性的难题。

怎么办呢？王选拿出字典，琢磨着每个汉字的笔画。很快，他就发现了规律：汉字数量虽然繁多，但每个汉字都可以细分成横、竖、撇、捺等规则笔画和点、折、弯、钩等不规则笔画。此时，王选的数学基础显示出了意想不到的功效，一个绝妙的设计在他脑海中形成了。他兴奋地对陈堃銶说："我们可以用轮廓加参数的数学方法描述汉字字形,这样可以使信息量大大压缩!"

王选的这一"轮廓加参数"创新思路,就是将所有规则笔画用一系列参数精确表示,曲线形式的不规则笔画用轮廓表示,这样可以让庞大的汉字字模缩减 500 倍,实现字形变倍和变形的失真程度最小化。王选的设想,当时在很多人看来就是天方夜谭。在一次汉字精密照排系统论证会上,有专家称王选提出的方案是玩"数学游戏",是自娱自乐的"数学畅想曲"。

面对质疑,王选并没有放弃,他坚信自己的方案是汉字印刷正确的发展方向。经过半年多的艰苦研究,终于成功完成了模拟实验,"人"字的第一撇通过软件在计算机中呈现。1976 年 9 月,"748 工程"汉字精密照排系统研制任务正式下达给北京大学。

数字和汉字这两种抽象符号巧妙结合的"数学游戏",即将变成看得见摸得着的、实实在在的高科技成果。

就在王选的团队紧张工作的同时,英国的蒙纳公司也在加紧研制汉字激光照排机。面对强大的竞争对手,王选带领团队夜以继日地工作着,没有机器就自己动手。当时照排控制机电路板上那些密密麻麻的集成电路,都是王选和他的助手们亲自动手一点一点做出来的。

从投入激光照排技术研究开始,十多年来王选和妻子两人没有完整的星期天,没有一个节假日。在工作室过了多少个春节,他自己都记不清楚。相当长一段时间里,王选每天的工作分为"三班倒":上午班、下午班、夜班。

1975年底,王选的身体虚弱到极点,低热与咳嗽一直伴随着他;妻子陈堃銶也因过度劳累而导致血压很低,经常头晕目眩,走路时双腿发软。但疾病的折磨没有阻断王选前进的脚步。他常常拖着病体挤公共汽车到中国科技情报研究所查阅外文资料,为节约5分钱的车票钱,他总是提前一站下车,步行走到情报所。

每当困难到了看来几乎克服不了的时候,王选夫妇就常常想起丘吉尔的一场精彩演讲,并以此来相互鼓励。那是在第二次世界大战期间剑桥大学的一次毕业典礼上,整个会堂坐了上万名学生。丘吉尔慢慢地走上讲台,脱下大衣交给随从,然后又摘下了帽子,

1979年8月11日,《光明日报》在一版头条位置以《汉字信息处理技术的研究和应用获重大突破》的大标题,报道了王选等人的阶段性成果

默默地注视着所有观众。一分钟后,丘吉尔说了一句话:"Never give up!(永不放弃)"。丘吉尔说完后穿上大衣、戴上帽子离开了会场。整个会场鸦雀无声,随之掌声雷动,经久不息。

回首这段峥嵘岁月,王选在一次接受采访时说:"我一直有种'逆潮流而上'的感觉,这个过程是九死一生的,哪怕松一口气都不会有今天的成功。"

功夫不负有心人。一个个难题,在耐得住寂寞的岁月之中被攻克。1979年初,汉字精密照排系统的第一台样机调试完毕;同年7月,我国第一张采用汉字激光照排系统输出的报纸样张《汉字信息处理》诞生。第二年,一本26页的样书《伍豪之剑》又印刷成功。此后,王选带领团队加紧研制,华光Ⅲ型激光照排系统在1985年11月研制成功。

西方从1946年发明第一代手动式照排机,经过了二代机和三代机的普及,到1986年才开始推广激光照排机,花了整整40年时间。而王选从1976年提出直接研制第四代激光照排机,1985年开始实际使用,使我

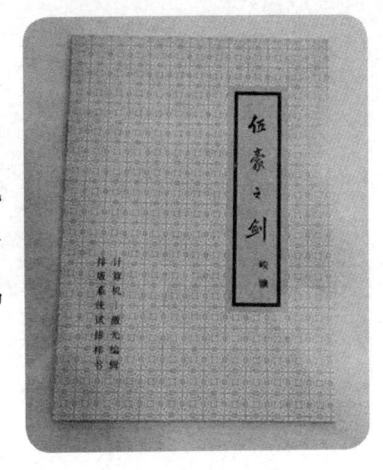

《伍豪之剑》书影

国出版印刷业从铅排直接跃入激光照排，一步跨越了西方国家走过的40年！

我们中国自家的事，何必转手外国人？

王选认识到，科研成果不能仅仅停留在实验室，只有进军市场，才能发挥研究本身的价值。当时，几家大报社和一些出版社印刷厂先后购买了国外产品。王选说："最大的苦恼是大多数人不相信中国的系统能超过外国产品，不相信淘汰铅字的历史变革能由中国人独立完成。"

要使系统达到最高水平，必须能顺利排印大报、日报。可是，谁敢冒风险放弃已有百年历史的铅字排版呢？最终，《经济日报》做了首次尝试。

1987年5月22日，《经济日报》的4个版面全部用上了激光照排，世界上第一张用计算机屏幕组版、用激光照排系统整版输出的中文报纸诞生了！

不久，王选和同事们研制成功了更先进的华光Ⅳ型系统。《经济日报》换装了这一系统后，成为世界上第一家彻底废除中文铅字的报纸。这标志着上千年的"铅与火"时代的谢幕，"光与电"崭新时代的到来。这一时刻，足以载入中国印刷史册！

1990年，《人民日报》全部改用华光系统。对此，王选心中有一件始终难以忘怀的事。那是在1985年7月，王选出访美国，会见了生产激光照排的高技术系统（HTS）公司总裁。这位总裁几个小时前才从北京飞回来，已经和人民日报社签订了430万美元的合同，约定1986年底交货。看着这位总裁春风得意的样子，王选心里非常难受。北大系统的设计思想远比他们优越，但受硬件条件的限制，在速度和稳定性方面不如人家，因而遭国人非议。回国后，王选向国家有关部门汇报了这个情况，并"口出狂言"："我相信三到五年内，我们会把国外的系统全部赶出中国！"他又郑重承诺："我们研制的新一代照排系统，价格只有美国HTS系统的八分之一，并且一定会比他们先出报！"此言一出，语惊四座。

《孙子兵法》曰："知彼知己，百战不殆。"这次随团出访，王选参观了西德Hell、美国HTS、施乐、王安以及日本佳能、写研等众多与照排相关的公司和用户。通过"答是非题"的巧妙设问，他把对方的水平摸得一清二楚。他发现，这些国家的照排系统，无论是现有的还是下一代的，其设计思想都明显不如自己的设计，这使他对战胜对手充满了信心。

两年后，王选的誓言全部实现。华光系统的性能不仅比HTS系统优越得多，而且价格比当初王选估算的还要便宜，全套设备总共只需180万元人民币，是HTS系统的十五分之一。

按照合同，HTS系统应该在1986年底正式出报。但汉字信息处理技术像一只桀骜不驯的"拦路虎"，美国公司对它毫无办法，也一直不能兑现这一承诺。

为了解决这一他们难以解决的技术难题，HTS公司派人来找王选，想购买他们的专利技术和设备。王选随口说了个天文数字，直接把那人吓跑了。

当时有人问王选："为何要这么高的价？"

王选微微一笑说："我们中国自家的事，何必转手外国人？"

HTS公司总裁被彻底折服，颓然叹道："我回国后就辞职，今后世界上再也不会有HTS公司了。"不久HTS公司宣布破产！

荣誉接连向王选涌来：他主持研究的汉字激光照排系统和中文电子出版系统在1986年获得第十四届日内瓦国际发明展金奖；1987年与袁隆平一起获得国家科学技术进步奖一等奖，这年王选还获得了印刷业的最高奖项"毕昇奖"。在成绩面前，王选说了一段让人感动和唏嘘的话：

> 科学是一种美的享受，所以居里夫人曾经讲过，科学探讨本身就是一种至美。歌德说，一个真正有才干的人在工作过程中会感到最高度的快乐。看著名画家鲁斯画的山

羊，从山羊的毛发中可以看出画家当初愉快的心情。我想一个献身于科学的人，他的最大回报并不是名和利，而是克服工作中的千难万险，最终取得成效所享受到的快乐！

国产激光照排系统以强大的系统功能和低廉的价格，一举击败了国外同类产品，就像推倒了第一张多米诺骨牌。到1989年底，来华研制和销售照排系统的英国蒙纳，美国王安，日本写研、森泽等公司相继退出了中国市场。国外许多电脑公司宣布："在汉字电子激光照排领域，我们放弃与中国人竞争。"

1991年开始，北大方正出版系统先后在《大公报》《新晚报》《澳门日报》《明报》《联合报》《自立晚报》等投入使用。

具有讽刺意味的是，1995年，方正系统在中国台湾地区的《中央日报》取代的原有系统，正是该报1989年购买的蒙纳系统。与方正系统相比，无论是性能还是价格，蒙纳系统都只能甘拜下风，败下阵来。

王选舒心地笑了。

北大方正

1993年2月18日，北大方正集团成立。它的前身是成立于1985年的北京大学科技开发总公司。王选是方正集团的技术决策者和奠基人，他发明的汉字激光照排技术，奠定了方正集团的起家之业。

在市场经济条件下，一个产品的商品名称，对消费者的选购有直接影响。如果名字取得恰当，可以扩大影响、增加销售。这时为这个出版系统取一个合适的商品名称，就显得十分重要。

有同事建议就以"王选"为激光照排系统命名。可是，王选一听急忙反对："我坚决不同意。激光照排系统是集体力量的结晶，不能用我的名字。"

一位北大的老师别出心裁，提出用"方正"命名。"方正"之名，取自《汉书·晁错传》："察身而不敢诬，奉法令不容私，尽心力不敢矜，遭患难不避死，见贤不居其上，受禄不过其量，不以亡能居尊显之位。自行若此，可谓方正之士矣。"

王选当即拍板说："好，就叫'方正'！"

就这样，"北大方正"这一享誉海内外的著名品牌，由此诞生。

对于北大方正集团的运行，王选总结出了一套"顶天立地"的发展模式。"顶天"，就是不断追求技术上的新突破；"立地"，就是把技术商品化，并大量推广、应用。"顶天"和"立地"紧密结合，相辅相成。实践证明，这是一条产学研一体化的成功之路。

1995年7月,北大计算机研究所与北大方正共同成立方正技术研究院,王选任院长,建立起从中远期研究、开发、生产、系统测试、销售、培训和售后服务的一条龙体制。9月王选做出决定：以研制计算机动画制作系统为契机,与中央电视台合作开发数字视频领域,进军广电业。他敏锐地意识到,视频领域数字化将是我国广电业未来几年必须进行的重大变革,这将产生巨大的市场效应。于是,北大方正在国内率先进入数字视频领域,抢占市场。同年12月,北大方正在香港以红筹股的形式成功上市。

取得这些惊人成就后,王选并不满足。他认为,中文出版系统进入海外市场,不能看作走向国际的标志,只有开发出非中文领域的出版系统打入发达国家,才算真正的国际化。王选决定研制日文出版系统,进军日本市场,依靠自主创新技术走向国际。在他的筹划和组织下,1997年,一个运用了独特的软插件技术、高集成度、扩展性强的新型日文出版系统面世。5月,方正集团与日本利库路特（Recruit）公司进行合作。利库路特公司是日本第二大杂志集团,花400万美元购买方正日文出版系统后用于出版旗下的大型杂志 *Car Sensor*。该杂志为双周刊,每期多达1500页,含上万张照片和大量广告。使用方正系统后,与以前使用的美国系统相比,排版周期缩短了3天,生产效率提高近10倍,每年节约费用支出约10亿日元,被认为是日本同类系统中最先进的。这是中国企业第一次较大规模地出口和销售拥有自主知识产权和自有品牌的高科技应用软件。《日本经济新闻》宣称:"这次的成交表明,日本企业已承认中国正在迅速长进的开发排版软件的实力,日本的排版软件市场上很可能刮起一股'中国旋风'。"

这股"旋风"很快刮了起来。1997年12月1日,日本《京都新闻》采用方正日文系统出版第一张报纸,标志着方正排版软件开始进入日本报业市场。2001年,方正击败《日刊体育》原系统供应商NEC,开发出日刊报业整体解决方案并投入使用。NEC系统从试运行到上线用了近一年时间,而方正系统仅用了2个月,价格只有同类系统的十分之一。

凭借超群的性能和效率,方正系统在日本市场斩获连连,先后有300多家日本的报社和印刷厂使用了方正的技术。王选把方正在日本的成功比喻为"开创了个新的时代"。

此后,韩国市场也开始启动。以栅格图像处理器RIP为核心的产品也销往世界各地,包括欧、美、日等发达国家和地区。

在文字激光照排技术逐渐占领市场的同时,方正在计算机动画制作系统与基于硬盘的电视播控系统方面的研制也取得了进展。

1995年9月,北大方正与中央电视台合作,研制中国自己的计算机动画制作系统。当时,央视动画机房使用的中低档动画制作系统,是美国AXA公司的系统,这一系统在中国的市场占有率位居第一,且价格昂贵,售后服务十分不便。王选获知这一消息后,立即抓住这难得的机遇,组成7人课题组,在1997年底开发成功"点睛"动画制作软件,这是我国第一个自主开发、拥有自主版权的计算机辅助制作传统动画的软件系统。

1997年,在举国欢庆香港回归祖国的时刻,王选和香港亚洲电视台老板共进晚餐。亚视老板告诉王选,现在大多数电视台用的是模拟影像带,不但保存起来要占很大空间,时间一长音像效果容易损失,而且检索和剪辑也十分麻烦。国外采取的办法是用数字影像带取代模拟影像带,虽然减少了存储空间和信号减损,但没有从根本上解决问题。所以,亚视想跳过数字影像带,将音像资料直接存到计算机服务器的硬盘上,在上面编辑播出,这样电视台的人员可以减去一半,从而节省开支,减少亏损。王选一听,心中油然而生兴奋之感。就像当年跨过二、三代机,直接研制第四代激光照排机一样,跨过数字影像带,直接研制基于硬盘的播控系统,这又是一次非凡的技术跨越。他立即组织人员进行开发,于

1998年开发出了我国第一个基于硬盘的播控系统,在亚视投入使用。后来又在湖南经济台和河南电视台得到应用,并逐步推广,先后入驻全国近百家电视台、300多个频道,取得了省级及省级以上电视台占有率超过70%的骄人战绩,推动了我国电视播出从模拟到数字的变革。

面对这些成绩,王选又舒心地笑了。

"方正之士"

几十年风风雨雨,王选在经历了重重艰辛磨难之后,各种荣誉接踵而至,迎来了人生的高峰。从20世纪80年代中期到90年代末,王选几乎每年都获大奖,成为人们心目中的知识英雄。他主持研制的汉字激光照排系统和中文电子出版系统,在1987年和1995年两次获得国家科学技术进步奖一等奖,又在1985年和1995年两次被评为"中国十大科技成就"。2001年,在"二十世纪我国重大工程技术成就"评选中,"汉字信息处理与印刷革命"名列第二。王选本人也先后获得日内瓦国际发明展金奖、国家级有突出贡献的中青年专家称号和首届毕昇奖、森泽信夫印刷技术奖、中国专利金奖、陈嘉庚科学奖、国家重大技术装备成果特等奖等国内外大奖。1991年到1994年,王选先后当选为中国科学院院士、第三世界科学院院士和中国工程院院士，成为我国为数不多的"三院院士"。

面对纷至沓来的荣誉和地位，王选始终保持着清醒的头脑，把这一切都看得很淡。"宠辱不惊，看庭前花开花落；去留无意，望天上云卷云舒。"他说："把院士看成是当前领域的学术权威，是把时态搞错了，没分清楚过去式、现在式和将来式。我38岁的时候，在电脑照排领域的研究在国内处于最前沿，在国际上也可以称得上十分前沿，创造了我人生的第二个高峰，但当时我是无名小卒，说话没有分量；1995年我58岁的时候，当选中国两院院士和第三世界科学院院士，获得两次国家科学技术进步奖一等奖、一次联合国教科文组织科学奖，虽然没有脱离业务，但1993年我就离开了具体设计第一线，所以我的（创造）巅峰已经过去，我当时就觉得自己已经不是这个领域的权威了；今年我68岁，三年前得了国家最高科学技术奖，但离学科前沿更远了，现在只是靠虚名过日子！"

1993年，王选完成了一个加快方正93芯片速度的设计方案。有位学生说："这个设计没有必要，机器本身就有这个功能。"这句不经意的话，让他做出一个重要决定：退出研究第一线，开始全力支持和培养年轻一代。当被问到为什么如此热心提携年轻人时，王选很谦虚也很坦率："其实并不是我高风亮节，毫不利己，而是我懂得一些社会发展规律。计算机这类新兴学科，技术发展和知识更新太快，年轻人具有明显的优势。假如不这么做，单位就要垮台，我的名气也就没有了。所以扶持年轻人是一种社会需要，也是我的一个'自私'想法。"

他如何处理他得到的利呢？他获得过不少奖项，但是奖金拿回来以后他没有存进自己的个人账户，而是放到计算机研究所的账户上。他把自己获得的30万元奖金捐给北大数学学院，设立"周培源数学奖学金"；2002年他获得国家最高科学技术奖时，把国家和北京大学奖励他的共计900万元捐赠出来，设立了"王选科技创新基金"，奖励有杰出贡献的科研人员。他还把他个人的50万元交完税后又放到研究所的账户上……

反观他个人的生活，那真可以说是朴素到了极点。十多年来，眼镜一直不曾换过；穿的衣服，总是夏天白衬衫、黑裤子，冬天外罩一件夹克；有一件西装只在正式场合穿，很长时间里只用一条领带。

"中国古代有句话：'上士忘名'，将名利彻底淡忘；'中士立名'，靠自己的成就把名立起来；'下士窃名'，自己不行就窃取人家的。我做不到上士，因为我做不到忘名的地步，但是我不会为了立名而去窃名。"这是王选说过的话。王选是一个把科技带入市场的科学家。当他以产业化方式推广高新技术时，他本质上仍然是一个标准的知识分子。在市场经济大潮中,王选坚守着一个科学家的立场。他一生功勋卓著,却又淡泊名利;他在市场中耕耘,在奉献中收获,他身体力行了一个科学家应有的品格。

2006年2月13日,王选与世长辞。这一年,他69岁。

在北京大学的百年讲堂,前来吊唁的人们含泪与他送别。"半生苦累,一生心安",这是陈堃銶为丈夫作的挽联,也是王选这位"方正之士"一生真实而质朴的写照。

对汉字的"拯救"

"昔者仓颉作书而天雨粟,鬼夜哭。"这是记录在古籍《淮南子》中的一段文字。五千年前,当传说中的黄帝部落史官仓颉创造了汉字的雏形后,这些形象而神奇的符号就深深根植在了中国人的生活与情感之中。两千年前,东汉的蔡伦改进了造纸术,纸改变了人们的书写方式,使文明得以更流畅地记录和保存下来;一千年前,当人们还在使用木刻雕版的时候,北宋的毕昇用泥和铅字解构了文字,通过巧妙的组合让活字印刷成为更便捷的传播文明的方式。

在王选发明激光照排技术之前,我国的出版物还在使用铅活字进行排版,而西方以"打字机和照相机为综合体"的激光照排技术已经发展到了第四代。曾经在"四大发明"中占据瞩目地位的中国印刷术被远远甩在了世界的后面。1984年的洛杉矶奥运会上,在来自世界各地进行现场报道的7000多名记者中,只有中国记者在手写报道,而外国记者都在打字机前快速敲打着键盘。外国科学家曾做出这样的断言:"如果中国不放弃方块文字,将永远无法进入信息时代。"连著名语言学家吕叔湘也不得不无奈地说:"拼音文字能机械化,汉字不能机械化。方块汉字在电子计算机上遇到的困难,好像一个行将就木的衰老病人……历史将证明:电子计算机是方块汉字的掘墓人,也是汉语拼音文字的助产士。"

博大精深的汉字真的要被时代抛弃了吗?谁能"拯救"汉字的生命?

正是王选发明了汉字激光照排技术,让中文印刷业作别了"铅与火"的时代,步入"光与电"的新时代。古老的汉字绝境逢生,在信息科技时代闪耀着独特的魅力。

王选"拯救"了汉字。这样说,并不为过。

还有,王选激光照排技术的基本原理,不仅可以运用在汉字领域,对其他非拉丁字母文字来说也一样适用。可以毫不夸张地说,王选所"拯救"的,不只是汉字,他"拯救"的是人类文明的多样性,为世界文明的传播刻下了最辉煌的印记。

如今,在无锡东林书院附近,有一座将近百年历史的校园,它就是始建于1918年的私立辅仁中学。在古老的校园里,二层西式校舍改建的王选事迹陈列馆,彰显出简约而务实的风格,青翠的树木散发着勃勃的生机,让人不经意间就跨过了一个世纪的时光。

在王选的半身塑像前,摆满了人们敬献的鲜花,也时常会有人站在塑像前低头自语,仿佛是跨越时空在与这位汉字王国里的智者对话……

参考文献

1. 李玲兰.周培源［M］.北京：中国和平出版社，1996.
2. 苏克勤.院士世家:钱穆·钱伟长·钱易［M］.河南：河南科学技术出版社，2014.
3. 蒋永新,王海雄,詹华清,等.钱伟长图影编年［M］.上海：上海大学出版社，2008.
4. 林梦海等.高山仰止：唐敖庆和他的弟子们［M］.厦门：厦门大学出版社，2015.
5. 徐光荣.蒋新松传［M］.北京：航空工业出版社，2016.
6. 丛中笑.王选的故事［M］.合肥：安徽少年儿童出版社，2015.
7. 江苏省无锡市政协学习文史委员会.科学之光：无锡籍两院院士风采录［M］.北京：中国社会出版社，2001.

后 记

　　《二泉今犹映明月》着重叙述了九位无锡籍两院院士的生平事迹。所依材料，源自现有的新闻报道和传记文字。

　　阅读本书，可以了解这些院士不少鲜为人知的故事，可以一窥他们怎样做人、怎样做事以及他们对祖国的忠诚、对事业的挚爱，也可以了解他们所从事的事业是如何造福于人类的。以事写人、以事观人，是本书创作的宗旨。在对潘菽数十年科学道路的回顾中，同时展现了他在学生时代投身五四爱国运动时的精神风貌。一生洋溢着爱国热情的还有钱伟长，他在美国学有所成之后，毅然回到了贫弱的祖国，为"两弹一星"事业做出了贡献，画出自己人生最美的"弧线"。蒋新松瞄准机器人这一前沿科技，推进科技与市场的有机结合，促进了机器人事业的发展。王选数十年如一日地钻研激光照排技术，成就了"当代毕昇"的传奇……这些院士是我们时代最可爱、最有情感的知识分子。在叙述周培源科学成就的同时，还描绘了他与妻子一生相濡以沫的爱情故事；王选与妻子陈堃銶相扶相携，共赴理想，缔造了激光照排技术的奇迹。

　　我叙述的笔触不仅在乎他们的头脑，更在乎他们的心灵；不仅在乎他们所研究的"学"与所从事的"术"，更在乎他们的为人之"情"与人文之"怀"。我也力争以较强的可读性来普及科学知识，以及在知识背后所蕴含的科学思想、科学精神与科学方法，以突出院士做人、做事、做学问的认真执着与实事求是的科学作风，反映他们各自怀揣的科学梦以及怎样为圆梦而不懈努力的求索脚步。

面对快节奏的生活，为适应读者快阅读的需求，每一位院士的特写连图带文只占一万字左右的篇幅。在这样有限的容量内，要完整展现一位院士的科学人生，那是力所不能及的。我只能力求以简练的笔法，尽可能抓住每一位院士的特色，诸如钱伟长的报国情怀，诸福棠的医者仁心，钱临照、钱令希兄弟在科研领域的殊途同归……期望达到"窥一斑而知全豹"的效果。能否如愿，只能由读者来评判了。

出于叙述的需要，本书采用了不少院士的资料照片。但这些照片的拍摄者已经难以查询，我只能在此表示诚挚的谢意，毕竟他们当初的努力与我现今的努力都是为了展现院士的风采。

应该说，院士们怎样做人、怎样做事及他们所走过的人生之路，对当今读者（尤其是广大青少年读者）树立科学精神、学习科学方法无疑会有启示作用。眼下不少青少年有追影星、追歌星、追球星的热情，却唯独不追"科星"，推出这套丛书具有一定的现实意义。当然，青少年不可能人人都成为科学家，但院士们的风采，值得整个社会敬重并褒扬。以图文并茂的形式写下他们的心路历程和思想风貌，无疑也是一种有价值的文化积累，对提高社会培育尊重科学、尊重知识、尊重人才的好风气，有着有益的作用。80余年前，清华校长梅贻琦有过极有见地的表述："凡能领学生做学问的教授，必能指导学生如何做人，因为求学与做人是两相关联的。凡能真诚努力做学问的，他们做人也必不取巧，不偷懒，不作伪，故其学问事业终有所成。"

在成书的过程中，苏州报业集团的刘放先生起到了牵线作用，对我的写作给予了有益的指导，书名《二泉今犹映明月》就出自他的建议。还要感谢这本书的责任编辑、出版社的领导，以及所有为本书付出劳动的师友。至于文章的先后顺序，则是以院士的出生年份为序，特予以说明。

无锡籍院士，以数量而言在地级市中排名第二。惠山脚下的院士们，自小秉承遗风，品二泉之甘，赏映月之景，续写新时代的辉煌，给泉中之月增添了多少想象的空间、多少神秘的谜语。如有可能，我还愿意再为读者奉献一册，对象仍然是我们无锡天才加勤奋的前贤。那么，我们下本书再会。

陆阳
2019年10月28日